Fernando Gracia

LA BODA DEL SIGLO

Fernando Gracia

LA BODA DEL SIGLO

Los secretos sobre la unión de Felipe y Letizia y otros enlaces reales

temas'de hoy.

© Fernando Gracia, 2004

© Ediciones Temas de Hoy, S. A. (T. H.), 2004

Paseo de Recoletos, 4. 28001 Madrid

www.temasdehoy.es

Diseño de cubierta: Jorge Gil Cerracín

Ilustración de cubierta: José Carlos Gracia

Cuarta edición: marzo de 2004

ISBN: 84-8460-320-2

Editorial Planeta Colombiana S. A.

Calle 73 No. 7-60, Bogotá

COLOMBIA: www.editorialplaneta.com.co

VENEZUELA: www.editorialplaneta.com.ve

ECUADOR: www.editorialplaneta.com.ec

ISBN: 958-42-0946-9

Primera reimpresión (Colombia): mayo de 2004

Impresión y encuadernación: Printer Colombiana S. A.

Impreso en Colombia - Printed in Colombia

Índice

A mi esposa Isabel,
que después de treinta y cuatro libros publicados
y una parada de tres años,
me proporcionó las fuerzas para retornar

Prólogo

A la hora de enfrentarme ante el reto de un nuevo libro, reconozco que son dos los momentos que entrañan mayor dificultad: la escritura del primer capítulo y la del último. Sin embargo, en este caso concreto, la complejidad se ha ceñido a la redacción del primero porque en él se plantea el punto de vista de lo que pretende ser una narración tan completa y enjundiosa como sea posible. Para lograr este fin, en realidad se presentaban ante mí tres perspectivas antagónicas desde las que situar mi relato.

La primera desde el punto de vista ortodoxamente monárquico, desde el que se podrían sugerir razonamientos del tipo de: «Ésta es una boda inadecuada», «Las bodas entre príncipe y plebeya no son tradicionalmente aceptadas» o incluso «Ninguna reina de España a lo largo y ancho de toda nuestra historia fue mujer divorciada». La segunda fórmula, la histórica, debería ir dirigida a recordar las grandes diferencias que existen entre todas las princesas de Asturias desde la primera, Catalina de Lancaster (1388) a la actual Letizia Ortiz en 2004. Todo esto pasando por las correspondientes y obligadas hojas dedicadas a los árboles genealógicos rezumando pura savia azul por todos sus poros.

La tercera postura, por la que finalmente me decido, es la fórmula que podríamos llamar *romántica*, puesto que se basa en la exaltación del amor, en la constatación de una pareja que lucha a viento y marea contra todos los inconvenientes que la propia realeza, la aristocracia, los políticos, el pueblo o, incluso, la legislación puedan ahora o más tarde desatar. Y esta perspectiva ha sido adoptada después de verificar que don Felipe y doña Letizia, por encima de todo, desean defenderse de una vida al margen de su unión cueste lo que les cueste.

En cuanto al tema de las disposiciones legales es conveniente recordar que si Letizia Ortiz se convierte en princesa de Asturias, es en virtud del artículo segundo del Real Decreto sobre Régimen de títulos, tratamientos y honores de la Familia Real y los Regentes de 6 de noviembre de 1987 en el que con toda claridad se especifica: «El heredero de la Corona tendrá desde su nacimiento, la dignidad de Príncipe o Princesa de Asturias, así como los demás títulos vinculados tradicionalmente al sucesor de la Corona, y los honores que como tal le correspondan. Recibirá el tratamiento de Alteza Real. De igual dignidad y tratamiento participará su consorte, recibiendo los honores que se establezcan en el ordenamiento jurídico.»

A pesar de esta incursión legislativa que considero de derecho, prometo al que lea estas páginas que en ningún momento se encontrará con embarazosos decretos, pero tampoco con empalagosas páginas rosas. Lo que pretendo es que estos apuntes se conviertan en una amena crónica repleta de datos, anécdotas, información y curiosidades varias pero todas ellas verdaderamente reales, y nunca mejor dicho, en el sentido más completo de la palabra, con las que poder saciar el deseo de conocer un poco más a la que se convertirá en reina de todos los españoles.

Y es que importa mucho cómo sea una reina. En la historia de España han existido de muchos tipos, unas buenas y otras no tanto, hemos sufrido a las ignorantes y a las frívolas, y se ha llorado mucho por la muerte de las más populares. Unas han llevado una vida de infierno, sometidas bajo el despotismo de su rey y marido que en algunas ocasiones prohibían hasta la presencia de los libros en su aposento. Y otras nos han enorgullecido porque con sus actos o sus consejos han contribuido a engrandecer España. Reinas, pues, de todas clases, pero cierto es que nunca tuvimos una que se pareciera ni siquiera de lejos a Letizia Ortiz Rocasolano.

Con este matrimonio entre don Felipe y doña Letizia se certifica que las capacidades femeninas para reinar ya no son exclusivamente monopolio de las familias reales. Atrás quedó el analfabetismo que ocupó muchos tronos; la actual preparación femenina muestra una equilibrada y rica floración de mujeres que pueden ser capaces —¿por qué no?— de desempeñar la más alta responsabilidad de un reino. Por primera vez en esto, a partir de ahora, «España es diferente».

CAPÍTULO I

LOS ORÍGENES DE UNA PRINCESA

Primeros años en Asturias

Érase una vez un país llamado España donde nació una niña rubia con ojos color caramelo en plena comarca asturiana, el día 15 de septiembre de 1972. Al igual que sus hermanas, vino al mundo en el hospital General de Asturias. Sus padres, el asturiano Jesús Ortiz Álvarez y la joven madrileña Paloma Rocasolano Rodríguez, la bautizaron semanas después con el nombre de Letizia en su parroquia de Oviedo.

Una tía de la pequeña quería que el bautizo hubiera sido en la histórica y bella iglesia del Monte Naranco, Santa María del Naranco, porque se trataba de un lugar muy hermoso para alguien que, según vaticinaba ella misma, habría de ser muy especial. Hoy tenemos que reconocer que aquel primer augurio no iba desencaminado.

La iglesia del Naranco se edificó como palacio de verano del rey Ramiro I en el siglo IX y es uno de los lugares más emblemáticos del prerrománico asturiano. Además de sus bóvedas de gran tamaño que suponen todo un adelanto arquitectónico, puesto que este tipo de cubierta no se adoptó en el resto de Europa hasta bien entrado el siglo XI, deslumbra su refinada y artística ornamentación.

Señalamos los rasgos más característicos de este singular templo-palacio porque durante su infancia, Letizia mostrará una notable predilección por él, como si ya entonces supiera valorar el porte regio de aquel lugar.

Oviedo, su lugar de nacimiento, es la capital cultural y comercial de Asturias. Se extiende, dicen los manuales de turismo, en una fértil llanura sobre una ligera elevación. Las cercanas minas de carbón hicieron en su día un importante centro de actividad económica desde el siglo XIX aunque ya no sea el caso de hoy en día. De joven, Letizia, gran lectora, particularmente de todo lo que concerniera a su querida Asturias, devoró con especial atención la obra de *La Regenta* donde Leopoldo Alas *Clarín* describía magistralmente la singular atmósfera del lugar. El día que Letizia nació, el servicio municipal se encontraba montando los adornos callejeros y las guirnaldas de luces que se instalaban para dar relieve y vistosidad a las fiestas de San Mateo, patrón de la ciudad, que se celebran todos los años el 21 de septiembre.

Durante sus primeros estudios, apenas terminado el parvulario, asistió al Colegio Público Gesta de Oviedo, donde aún hoy día conservan sus notas, algunos trabajos y las fotos correspondientes a los principios de cada curso. Allí se realizaban muchas excursiones por el corazón de la ciudad, abarrotada de antiguos palacios, donde en la señorial plaza de Alfonso II se alza la catedral, de estilo gótico flamígero, con una alta torre y su simétrica fachada hacia poniente. El interior de este templo alberga, por cierto, tumbas de los reyes asturianos y un majestuoso retablo dorado del siglo XVI.

El mayor tesoro de la catedral es la Cámara Santa, una capilla restaurada del siglo IX que contiene expresivas estatuas de Cristo y los apóstoles que impresionaban mucho a las colegialas.

Una familia de clase media

La familia Ortiz-Rocasolano pertenece a la clase media, estamento social en el que a veces es preciso aparentar más posibles de los que realmente se tienen. Su padre, Jesús Ortiz, se ganaba la vida delante de un micrófono de radio de provincias, aunque luego, con mucha suerte y esfuerzos, llegó a ser el fundador y director de Antena 3 Radio de Oviedo.

Y es que Jesús siempre ha sido un auténtico apasionado por la radio, afición que le llegó de la mano de su madre, abuela paterna de Letizia. Menchu Álvarez del Valle fue, a lo largo de muchos años, la voz más popular de la radio asturiana y competía directamente con las grandes gargantas de nivel nacional, como la promotora del famoso *Consultorio femenino y de belleza de Marta Regina*. Menchu estuvo al frente de programas de máxima audiencia como *Puente a su problema*, *Rumbo a la fama*, que alcanzó en su día altísimas cotas de popularidad o *Cantar y coser*.

La madre de Letizia también aportaba un sueldo a una economía familiar siempre ajustada. Trabajaba como enfermera en un ambulatorio de la misma barriada en la que vivían.

Durante los veranos de su infancia, Letizia marchaba de vacaciones con sus abuelos a un piso que éstos tenían alquilado en Ribadesella. Esta encantadora villa marinera, asentada en un amplio estuario, cuenta con un viejo puerto lleno de tasquillas y bares cuyo aroma es el olor a sidra escanciada sobre el serrín del suelo y en los que de vez en cuando se escucha el famosísimo canto de *Asturias, patria querida*, tan propio de los hombres de la mar.

Una tradición muy popular que le encantaba ver a Letizia era la abigarrada flotilla de piraguas que participaba en el descenso del Sella partiendo de la parte alta de Arriondas, el primer sábado de agosto, fecha que coincidía con la primera mitad de sus vacaciones.

Otra de las curiosidades que llamaban la atención del grupo de amigas de Letizia era la famosa cueva del Tito Bustillo, rica en estalactitas y estalagmitas y muy conocida por las pinturas rupestres descubiertas en la fecha relativamente reciente de 1968. Algunos de estos dibujos tienen una antigüedad que se aproxima a los 18.000 años y representan ciervos y caballos en rojo y negro.

Cuando la abuela de Letizia obtuvo la jubilación se pudo comprar por fin una pequeña casa a la que bautizó con el nombre de Arquería. Esta casita se encontraba en Sardón, perteneciente al Concejo de Ribadesella y todavía es propiedad de la familia.

Ya desde tan temprano se hizo evidente que Letizia era la única de las hijas de Jesús Ortiz que había heredado también la pasión por la radio de su padre y su abuela, puesto que, con apenas seis años, muchas tardes, al salir del colegio, se acercaba a la emisora de su padre a tomar su bocadillo de merienda mientras escuchaba con la máxima atención el desarrollo de los programas que se emitían. A los doce años realizó su primer escarceo junto con un grupo de compañeras de clase, con las que montó un programa infantil bajo la tutela de su padre que se llamó *El columpio* y que se emitía en diferido los sábados por la mañana. De entonces arranca el inicio de una carrera profesional que luego cuajó en el periodismo. La seducción de la radio y la televisión se apoderaron de ella desde muy temprano y sólo Dios sabe cuántas lágrimas le debe haber costado dar por zanjada su carrera profesional para siempre.

Carmelo Bardón, el actual director del colegio Gesta de Oviedo, recuerda que Letizia participaba con mucho interés en el periódico que mensualmente se editaba en el colegio y que por supuesto sus notas en lengua fueron siempre muy altas.

El teatro también fue otra de sus grandes aficiones de niña y se apuntaba a todas las representaciones que se programaban a lo largo del curso.

Tras la EGB, Letizia dejó el colegio Gesta y se trasladó al Instituto Alfonso II, aunque en este nuevo centro sólo pudo estar un año porque su familia se tuvo que trasladar a Madrid dadas las dificultades que se venían encima de la emisora de Antena 3 Radio.

Algo en lo que todos coinciden es que se trataba de una niña lista, inquieta y vivaracha, con unas ganas enormes de conocer cosas y gente nueva. En su barrio y, concretamente, en su calle de General Elorza todos piensan que aquella niña prometía dar un día una sorpresa, aunque nadie pudiera haberse imaginado su situación actual.

—En pocos años, Asturias ya se le quedaba pequeña —asegura uno de sus vecinos.

Si pudiéramos ahondar más en la personalidad infantil de quien, andando el tiempo, llegará a ser la próxima reina de España, hay que reconocer que desde muy pequeña fue demostrando una serie de valores de alta cualificación en todo su comportamiento. Su asignatura preferida es en un primer momento el área de lengua y más tarde, el de literatura, con lo que se hace evidente una gran claridad de ideas frente a lo que le gusta y lo que no, puesto que estamos ante una profesional que no accede, como tantas otras, a una carrera cualquiera porque no tuvieron calificación suficiente para matricularse en lo que deseaban, sino que se trata de una amante de su profesión.

Por eso, en 1990 no dudó en matricularse en Ciencias de la Información. De todos modos, si tomamos como dato de referencia la titulación académica de Letizia Ortiz, encontramos a una joven de brillante trayectoria estudiantil aunque, hay que reconocerlo en honor a la verdad, su preparación universitaria no es excesivamente significativa.

Letizia en 1986 recibe el Graduado Escolar en el Colegio Público Gesta de Oviedo. En el año 1988 realiza sus estudios de bachillerato y COU en el Instituto Ramiro de Maeztu de Madrid a causa del traslado de su familia. Es ya en 1995 cuando se licencia en Periodismo por la facultad de Ciencias de la Información de la capital de España y en ese mismo año inicia un máster de Información Audiovisual. Con esta preparación, más la profesionalidad que ha quedado patente en ella, nos encontramos ante el cuadro de una joven de nuestros días, perfectamente preparada para estar a la altura de la Corona.

Letizia Ortiz llegará a ser una reina de origen espa-

Los orígenes de una princesa

ñol, procedente incluso de uno de los lugares tradicionalmente más monárquicos y además, la primera reina periodista del mundo que ya encontrará en su nuevo estado la
forma de desarrollar su profesión de algún modo.

Ya decía Larra que un periodista es alguien que desde bebé se interesa por la cantidad de leche que mama.

CAPÍTULO II

ABRIRSE AL MUNDO

Madrid, la ciudad soñada

Para dejar atrás su primera infancia de la que sólo nos quedan las anécdotas propias de cualquier niña de su edad, como la de la Primera Comunión, que se celebró en la Iglesia del Cristo de las Cadenas en la mañana del 16 de mayo de 1981 y que finalizó con una comida exclusivamente familiar y una alegre tarde con sus compañeras; o el amor que tuvo siempre por los animales y especialmente por los perros que deseaba tener con la constante oposición de sus padres, deseo que hoy día no supondrá ningún problema puesto que, de hecho, en el jardín de su nueva casa podrá tener tantos perros como sea de su gusto, quiero añadir un breve apunte sobre la tan comentada letra Z de su nombre, puesto que, según he averiguado, la causa no está en la familia que siempre pensó que la niña se llamara Leticia, sino en el empleado del Registro Civil de Oviedo que, según parece, era de nacionalidad italiana y al transcribir por manuscrito los datos en el acta oficial utilizó la letra Z.

En dicho documento figura también la hora en que llegó al mundo, las 18:30 del día 15 de septiembre, lo cual tiene toda una implicación de personalidad desde el punto de vista astral como ya veremos más adelante.

Por último, antes de que en esta biografía abandonemos Asturias quiero destacar dos anécdotas de relieve que tuvieron lugar antes de emprender su marcha para Madrid.

Una se refiere al hecho de que Letizia no sólo se entusiasmaba viendo ballet por televisión sino que participaba como bailarina del Petit Ballet de Asturias. Acudía tres veces en semana a recibir clases y su profesora aseguraba que tenía unas especiales cualidades naturales para la danza. Se inició a los seis años y desde el principio fue su tutora la ex bailarina Marisa Fanjuí.

Por otro lado es interesante relatar el primer encuentro entre la familia Ortiz y la Corona. En el año 1985, Jesús Ortiz había creado una curiosa asociación denominada Círculo de Amigos de la Faba y se pensó que no había nadie mejor a quien nombrar socio de honor que al propio Monarca.

Las conversaciones fueron largas, pero finalmente, y gracias a la intervención directa del jefe de la Casa del Rey en aquel momento, mi admirado amigo Sabino Fernández

Campo, se consiguió que su Majestad accediera a tan singular petición. El acto del nombramiento y entrega al Rey de la divertida insignia de la Faba de Oro tuvo lugar en el Palacio de la Zarzuela, con lo que Jesús Ortiz pisaba por primera vez las alfombras de un palacio al que nunca se hubiera podido imaginar que volvería en calidad de familiar.

Cuando por motivos profesionales el padre de Letizia decide trasladar la familia a Madrid, es precisamente ella la menos perjudicada y la que mejor acoge la idea, hasta el punto de que en un primer momento son ellos dos los que se instalan como pioneros para que tiempo más tarde lo hicieran la madre y las hermanas. Y es que, aunque Letizia conocía muy poco la capital de España, la atracción que ejercía sobre ella era enorme porque le ofrecía toda la amplitud cultural que en su pequeña tierra ya no podía encontrar.

Lo primero, lógicamente, fue buscar piso en una ciudad donde los precios ya comenzaban a dispararse y tras muchas visitas e intentos, la opción más adecuada fue dentro de un barrio trabajador, no demasiado lejos del centro y bien comunicado por transporte público.

Entre tanto, las dos hermanas pequeñas, Telma y Erika, continuaban estudiando sus cursos de EGB en Oviedo mientras que su madre seguía trabajando. Ella siempre dijo que hasta que las pequeñas no terminaran el curso no abandonaría Asturias para trasladarse a Madrid. Todo parece indicar que de alguna manera, éste fue el comienzo de la crisis matrimonial que más adelante se desencadenaría.

Ya en la gran ciudad, Letizia consigue matricularse en el Instituto Ramiro de Maeztu, ubicado en la calle de Serrano en pleno barrio de Salamanca. El deambular por esas calles repletas de escaparates de lujo y comercios con mucho gusto, despierta en Letizia, de mentalidad sana pero provinciana, la importancia de ser exquisita y elegante, de saber vestir y comportarse con altura.

Asiste al turno nocturno además de aceptar la posibilidad que le ofrece el instituto de estudiar idiomas diferentes a un bajo precio dado que se trata de un centro de estudios públicos.

Pronto Letizia se hace con un grupo de amigos y amigas con los que tendrá la oportunidad de asistir a teatros, aunque en el gallinero, de acudir a cenas compartidas, de formar parte de tertulias culturales y literarias, todo ello, aficiones que tanto echaba de menos en Asturias. Por supuesto, también va al cine, algo que siempre le encantó y de lo que se puede considerar que es una buena aficionada.

La vida de Letizia en el inicio de su etapa en Madrid es la propia de una chica de su edad y sus características. Ella quiere aprender, aprender de todo y por supuesto de lo relacionado con el mundo de la comunicación; no obstante, ya entonces sus miras son más altas que las de la radio y ya empieza a pensar en la posibilidad de llegar un día a la televisión como periodista, con el deseo, por aquel entonces, de «¡qué difícil, pero qué maravilloso sería!».

Y llega el amor

Y tampoco podía ser de otra forma. Madrid es mucho Madrid, todo la deslumbra en aquella época, sus metas casi imposibles comienzan a hacerse realidad y es en el propio instituto donde, por escucharle, Letizia se enamora del profesor de Literatura. Hombre de verbo fácil, con ideas avanzadas sobre política, bohemio puro y escritor en ciernes, Alonso Guerrero Pérez, diez años mayor que ella, se convierte en su pareja y más tarde en su marido. Terminado el COU, Letizia se matricula en la Facultad de Ciencias de la Información de la Universidad Complutense para estudiar periodismo, su gran ilusión.

Como es habitual en la carrera, aprovecha los veranos para hacer las prácticas en diferentes medios de comunicación, de entre los que hay que resaltar el diario *ABC*, donde Luis María Anson ya se fija en ella, o la publicación *La Nueva España* de marcados tintes derechistas, para acabar, por último, en la agencia EFE, donde tras una serie de meses dando todo lo que puede, consigue una plaza en la sección de Internacional. Durante todo este tiempo, la relación con su pareja continúa y es evidente que por aquella época, la influencia de Alonso Guerrero se dejaba notar en todo lo referente a sus ideas, ya fuera en cuanto al orgullo que según él debía sentir por pertenecer a la clase media española, en la que consideraba que todo estaba por hacer, o en cuanto a su mayor interés por filosofar que por asistir a espectáculos mediocres. En estos momentos, según amigos de la época, Letizia detestaba todo lo que tuviera visos de alcurnia, la mentalidad de los «niños pijos» y la vestimenta de las cursis.

Viaje a México, concretamente a Guadalajara, y nuevo trabajo, esta vez en el hoy desaparecido diario *Siglo 21*. Una nueva oportunidad se le abre en la vida. Es como si lo mejor estuviera reservado en su propio destino, como si las cosas que resultan normalmente casi imposibles fueran simples metas en su carrera profesional.

En aquella época, Letizia no tiene ningún inconveniente en usar gafas a causa de una ligera miopía. Está destinada en la sección de Ocio y Cultura del suplemento *Tentaciones*. Su trabajo allí vuelve a ser notable. Es una muchacha trabajadora, seria y con una formación universitaria madrileña que llama la atención de sus compañeros e incluso de su redactor jefe.

Terminada su etapa mexicana, Letizia en su vuelo de retorno a Madrid-Barajas, ya está barruntando cómo *aterrizar* profesionalmente en España. La primera visita es de nuevo a la agencia EFE donde dejó buenos compañeros y de allí, casi sin esfuerzo, comienza su andadura televisiva en una agencia internacional especializada en temas económico-financieros denominada Bloomberg, empresa que tiene una conexión directa con la agencia EFE.

En los medios televisivos ya empiezan a saber de su existencia, y ella demuestra un talento natural para el periodismo audiovisual. Como se suele decir, a Letizia la cámara *la quiere*, o expresado de otro modo, *da bien* en cámara, no teme el terrible ojo de la lente, ni las luces, ni se siente nerviosa o incómoda en el medio.

Los responsables de CNN+ ya la han localizado y la contratan para trabajar con ellos teniendo un caché infinitamente mejor que el anterior. En esta cadena empieza por ofrecer el noticiario de madrugada, lo que supone una auténtica paliza para el horario habitual de una persona y un desbarajuste para quien pretende tener una vida familiar o social también normal. Empezaba a las tres de la madrugada y había días que no terminaba hasta pasadas las once de la mañana.

La relación con Alonso Guerrero continúa con normalidad a pesar de todos los vientos contrarios propios de la profesión. Fue el 7 de agosto de 1998 cuando deciden casarse e iniciar una vida juntos. El lugar asignado para la ceremonia, que sería civil, es la sala de plenos del Ayuntamiento de la localidad de Almendralejo (Badajoz) y el oficiante, el propio alcalde Manuel Jesús Román. Este hombre campechano sabe que pasará a la historia por haber casado en primeras nupcias a la que será reina de España.

El pueblo no fue elegido a suertes, ni por ser especialmente pintoresco, se trataba del lugar de nacimiento del que se iba a convertir en su marido, Alonso Guerrero Pérez.

Como el destino siempre juega con la vida, les apuntaré que la sala donde se celebró la boda estaba presidida, como en la inmensa mayoría de los ayuntamientos españoles, por los bustos de don Juan Carlos y doña Sofía.

Ciento diez personas fueron los invitados al banquete que se celebró en el restaurante El Paraíso y el menú, escogido personalmente por la novia, se componía de jamón ibérico y gambones de Huelva. Tras la ceremonia del banquete y el baile que se prolongó hasta bien entrada la madrugada, la pareja se retiró a pasar su luna de miel al hotel Espronceda.

CAPÍTULO III

DECISIONES Y DECEPCIONES

Cuando el amor se agota

Letizia no se ha prodigado mucho en las visitas a su tierra asturiana, aunque por obligaciones profesionales sí haya acudido, como en la última edición de los premios Príncipe de Asturias cuya entrega cubrió estando trabajando aún para Televisión Española. No obstante, es de destacar el impresionante interés que su relación con la Corona ha despertado entre todos sus paisanos y las demostraciones tan variadas que éstos están teniendo desde el mismo día del anuncio del compromiso.

Desde la creación de una exposición con recuerdos de su historia en el lugar donde veraneaba, hasta colocar placas en la casa donde vivió de niña, y ya hay otra encargada para el edificio del hospital donde nació. Una publicación ya ha impreso todo un diccionario que transcribe palabras de amor del castellano al dialecto asturiano, el bable, y en el que se incluyen términos como los que siguen:

Boda: Casoriu. Nuncies.
Felicidad: Felicidá.
Enhorabuena: Congracia, Noraguena.
Felicitación: Congracia.
Feliz: Dichosu.
Novia: Moza.
Novio: Mozu.
Enamorado: Enamorau.
Petición de mano: Pidia.

Todo esto denota que, sin malicia, sin propósito comercial, sin un *marketing* de aprovechamiento, los asturianos, sin saber aún cómo, quieren celebrar que «una rapaza guapina y galana» de Oviedo se convierta en la próxima reina de España. La pregunta: ¿se crearán museos como hizo Inglaterra con Lady Di?

Nunca sabremos exactamente qué movió a la pareja formada por Letizia Ortiz y Alonso Guerrero hacia la separación porque en este caso concreto nos encontramos con una ex mujer que por su condición actual no puede remover nada de su pasado, y por la parte contraria, con un caballero intelectual que ha demostrado desde que se convirtió en «cebo» de la prensa una clarísima y limpia posición de

«Soy un hombre cabal, medianamente serio y el asunto de la boda de Letizia no me quita el sueño. Intento mantenerme al margen porque hoy esto, a mí, ni me va ni me viene».

Este profesor de Literatura está nuevamente casado, su mujer se llama Carmen Astero y es también profesora del mismo instituto y madre de un niño. Por otro lado, Alonso Guerrero es un escritor que no ha llegado a reafirmar su puesto en el mundo editorial.

Hasta ahora, su obra es breve, pero tiene una formación literaria excelente y sabe contar historias. Por otra parte, es ganador de los premios Felipe Trigo de novela corta con *Tricotomía* y del Navarra de novela corta por *Los ladrones de libros*.

Desde que se hizo pública la noticia que ha invadido no sólo a España sino al mundo entero, la actitud del escritor y ex marido de Letizia es la de todo un caballero.

«Sólo puedo decir que les deseo mucha felicidad.» «Creo más en la utopía que en otra idea política.» «Prefiero no pronunciarme sobre la monarquía.» Son palabras de Alonso Guerrero ante la masiva insistencia de los periodistas que, como siempre, unos con buenas intenciones y otros buscando titulares para la prensa amarilla, trataban de entrevistarse con él.

Letizia Ortiz por su parte, tras la separación matrimonial, inició una nueva relación sentimental. Se trataba, curiosamente, de alguien también afín al mundo de la literatura y de profesión periodista con el que trabajó durante su permanencia en la cadena CNN+. Esta unión fue breve aunque llegaron a vivir juntos durante una temporada en un pequeño apartamento madrileño.

El hombre y su novela

Una de sus obras, *El hombre abreviado*, de cincuenta y seis páginas, que ha vuelto a reeditarse con notable éxito de ventas en este momento como era de esperar, narra en tercera persona el difícil momento que atraviesa un hombre que tiene que aceptar el divorcio a pesar de que aún ama a su mujer. El personaje baraja muchas vicisitudes hasta que tiene que aceptar la soledad. Todo se precipita cuando descubre que su mujer le era infiel.

Alonso Guerrero, desde el mismo momento en que la noticia del enlace entre su ex mujer y el príncipe Felipe saltó a la calle, no ha dejado de afirmar que en dicha novela no hay ni un ápice de realidad, que todo es pura ficción y que nadie debe pretender sacar conclusiones autobiográficas de los personajes. La relación entre ellos fue de casi diez años, aunque el matrimonio sólo duró uno.

Como paso a la historia, les diré que la dedicatoria impresa en los libros de Alonso Guerrero dice solamente: «Para Letizia.»

Además, *El hombre abreviado* jamás pudo ser un libro premonitorio aunque narre la trágica historia de una separación matrimonial. Comercializado por la Editorial Regional de Extremadura y con una cortísima tirada que ni siquiera llegó a agotarse, el libro salió a la calle en el otoño de 1998, y la pareja había contraído matrimonio en agosto de ese mismo año. Resulta pues, evidente, que aún era pronto para pensar en un divorcio. El hecho de que el protagonista, Lorenzo Gutenberg, sea escritor de profesión y sin éxito comercial como su autor, no implica nada de autobiográfico, y se podrían citar alrededor de medio centenar de novelas que han salido a la calle en los últimos diez años en las cuales los protagonistas son profesores o escritores.

La obra se inicia con las siguientes palabras: «Acabar con todo, pero seguir impune y vivo. Cuando Lorenzo Gutenberg tenía este pensamiento el peso de doce horas de trabajo entre máquinas deshilachaba sus músculos, allá en las calderas del trópico. El peso de su pasado, cuyas poleas podían romperse y se rompían. ¿Los músculos? Más aún, el trabajo le atenazaba las manos, aunque esa decisión —la de acabar con todo, la de seguir vivo— no requería manualidad alguna. Todo lo más, dejarse llevar.»

El autor muestra a su personaje sumido en una situación de profunda tristeza. A lo largo de la novela se ofrecen tres detalles que han llamado la atención de muchos periodistas a la hora de pensar que fuera en parte autobiográfica. Por un lado, en el transcurso de la acción, el personaje está en contacto con el abogado que tramita la separación y que ha sido contratado por su mujer; por otro, la acción se desarrolla en Madrid; y por último, el centro de trabajo del protagonista está situado en el barrio de Salamanca, precisamente donde Alonso Ortiz trabaja en la vida real y donde conoció a Letizia.

«La cita con el abogado de su mujer, la venta de los últimos libros, se atoraban en el embudo de una noche de lunes. Para empeorar las cosas, la mano era la de escribir. La mano cobarde, abotargada y, no obstante, la única que podía usar para contener grandes despropósitos, para defenderse del nubarrón negro de todas las copas que se había bebido. Acababa de cruzar hacia el barrio de Salamanca, por un paso marcado con los mismos fetiches con que hubiese podido toparse en el corazón de la selva.»

Si bien no sabemos cómo sufrió el autor su propia separación cuando tuvo que enfrentarse a ella, el protagonista de la novela mezcla en una coctelera la desesperación y la indignación: «... Había sacado los libros de estraperlo, y de esa forma tendría que sacar sus pasiones; sus obsesiones, salvarlas de la herrumbre de un matrimonio que se hunde, de un amor que a sus espaldas ha ido transformando la alcoba en una sala de tribunales y la biblioteca en una celda de manicomio.

»Son terribles [las mujeres en general] cuando luchan contra las capacidades intelectuales de los hombres.»

Al llegar al capítulo en el que el protagonista, Lorenzo Gutenberg, se encuentra dentro del despacho del abogado donde lo ha citado su mujer y tras una confesión inconclusa, él declarará con todas sus fuerzas la permanencia de su amor. Parte del diálogo es éste:

«—¡No puedo consentir que me ames!, ni siquiera tú puedes permitírtelo y lo sabes.

»—¿Quieres decir que no soy un hombre ejemplar?

»—¿Ejemplar? Como no sea el ejemplo de un hombre con el que una no debería casarse jamás. Compadezco a las mujeres de los escritores... Un escritor es una máquina de palabras bonitas. Te seduce y después te abandona. Pero soy más consecuente que tú: lo mejor que nos queda es el divorcio, así que no me vengas ahora con que sigues amándome. Eso suena más hueco que una tinaja.»

Más adelante, el autor describe en parte las armas de la mujer de Lorenzo Gutenberg cuando continúa:

«—Querido, los escritores tenéis más trampas que el baúl de una vedette.

»Ahora fue su esposa la que habló, apoyándose en la mesa y mostrándole abiertamente aquellos pechos en que tantas palabras había gastado. Palabras que tenía la firme intención le fueran devueltas. No podía ser de otra forma, eran armas arrebatadas al enemigo. Armas como las que ella usaba, envueltas en un sostén rojo (y no sujetador: la palabra era resultado de una selección natural) que él mismo le había regalado.

»—Por cierto —rumió— ¿No es excesivo que se lo haya puesto para venir a firmar el divorcio?»

Iglesia y monarquía

La insólita decisión del príncipe Felipe de contraer matrimonio con la plebeya Letizia Ortiz, supone, cuando menos, la modernización evidente de una institución antiquísima y en ciertos aspectos anquilosada.

Los monárquicos españoles de hoy piensan que la incorporación de sangre del pueblo a la valorada estirpe de la primera familia es algo tan mágico como un soplo de aire fresco que puede renovar toda la institución. Para los más conservadores y puristas, pequeño, pero peligroso sector crítico, el gran problema de esta unión se encuentra sólo en que la novia tiene mucho pasado y, por si fuera poco, un divorcio encima. La Iglesia, por su parte, no ha puesto oposición a ello a pesar de que la boda se celebre en la catedral de Madrid y sea oficiada, con todos los honores religiosos, por el arzobispo de Madrid-Alcalá.

Al comienzo del año 2003, justo el 30 de enero, Juan Pablo II ofreció un discurso en la apertura del año judicial del Tribunal de la Rota romana en el que se debatía sobre el origen de la crisis del matrimonio en estos tiempos. Su Santidad el Papa resumía con estas palabras la situación conflictiva que existe: «La crisis sobre el sentido del bien y del mal moral ha llegado a ofuscar el conocimiento de los principios del matrimonio mismo y de la familia que en él se funda. Para una recuperación efectiva de la verdad en este campo, es preciso redescubrir la dimensión trascendente que es intrínseca a la verdad plena sobre el matrimonio y la familia, superando toda dicotomía orientada a separar los aspectos profanos de los religiosos, como si existieran dos matrimonios; uno profano y otro sagrado.» Por ese motivo no parece correcto establecer ningún enjuiciamiento respecto a la decisión de la Iglesia en este asunto, y no tendría sentido censurar que admita tal casamiento canónico, sobre todo cuando no existe impedimento alguno, siempre que los contrayentes reciban y acepten la correspondiente preparación o catequesis como el resto de los españoles que pretenden acercarse a la vicaría a celebrar su unión.

En cuanto a que tenga lugar una boda religiosa después de una boda civil con distintos contrayentes, analicemos lo que la Iglesia, si no concede gracias especiales, manifiesta:

El Estado establece normas propias para el matrimonio civil, que pueden contradecir las normas canónicas. Por su parte, la Iglesia establece sus normas para el matrimonio entre bautizados, según las cuales, los católicos que no se han apartado por acto formal de la Iglesia, han de celebrar el matrimonio de forma religiosa, si quieren ser reconocidos como casados por la Iglesia. A su vez, desde el punto de vista religioso, no considera válido un matrimonio entre bautizados celebrado exclusivamente por lo civil. Letizia Ortiz contrajo matrimonio civil, con lo que ante el Estado se trató de un matrimonio reglamentadamente válido, pero no así ante la Iglesia, puesto que contradecía sus normas.

Al ser el de Letizia Ortiz un matrimonio civil, es inexistente para la Iglesia, con lo que en este caso estaría dentro de lo que jurídicamente se denomina bigamia permitida, es decir, habría dos matrimonios válidos, uno ante la Iglesia y otro ante el Estado.

CAPÍTULO IV

EL NUEVO HOGAR

De un piso de setenta metros a un palacio de más de mil

Era lo más difícil que le podía ocurrir a una joven española. Mucho más que ganar una primitiva con bote o un décimo del gordo de Navidad; más incluso que acertar los cinco números del sorteo de la ONCE y las tres cifras de la serie. Era casi imposible... hasta que a Letizia Ortiz le tocó.

Letizia —es testimonio de quienes la conocen desde hace años—, ha nacido para ganar; aunque nadie pudo nunca imaginar que su meta llegara tan alto. Para alcanzar el puesto que va a tener como reina de todos los españoles, Letizia, además, tenía que superar barreras hasta ahora infranqueables, como constatan las tumbas de catorce infantes que perdieron sus derechos a reinar por haber celebrado bodas de amor pero morganáticas.

Que la familia reinante admita como princesa de Asturias a una persona divorciada y que convivió con otro novio. Que su apellido sea Ortiz y carezca por completo de un árbol genealógico que no puede llegar mucho más allá de un abuelo taxista. Que su profesión sea la de periodista, profesionales de los cuales el príncipe huía como alma que lleva el diablo desde hacía años. Imposible. Imposible parecía que una joven de estas características pudiera llegar al más alto puesto femenino del país, con el que nos representará a todos internacionalmente y —Dios no lo quiera— si sucediera una desgracia, incluso a reinar sola en España.

El mundo entero se ha sacudido con la noticia. Cuando comenzaban a apagarse los rumores sobre la supuesta boda entre la joven de Mónaco y un trapecista madrileño, la noticia de la Casa Real española ha superado todas las expectativas.

Y hay que reconocer que la opinión pública ha dado un *sí* con mayúsculas. Por ejemplo, las encuestas realizadas por el diario *El Mundo* en los días siguientes al anuncio del compromiso arrojaban cifras de auténtico escándalo para los más conservadores: sólo un 9 por ciento veía como inconveniente el que Letizia estuviera divorciada. El 67 por ciento de los españoles y el 84 de las españolas aprobaban la boda y el 83,7 opinaba que la periodista será una buena reina en su día.

Respecto a la televisión, los índices de audiencia saltaron por los aires con el especial informativo sobre la prometida del príncipe que emitió la televisión estatal, que resultaron parejos a los de la serie considerada líder, *Cuéntame cómo pasó*. Concretamente la serie tuvo 6.693.000 espectadores mientras que 5.278.000 personas siguieron el especial informativo.

Si nos comparamos desde nuestra mentalidad europea con el resto de los vecinos, lo ocurrido en España no es más que un eslabón de la modernidad. La rancia Inglaterra, que estuvo a punto de sucumbir con la llegada a la realeza de una maestra de preescolar llamada Lady Di, lo consiguió superar. Cuando más tarde se desató el escándalo del príncipe Carlos y Camila a duras penas lo superó. Después de aquello, en enero de 1999, Eduardo de Inglaterra, el menor de los hijos de la reina Isabel II, anunció que se casaría con Sophie Rhys-Jones, una chica de pueblo hija de un vendedor de neumáticos.

Recordaremos también que el heredero de Holanda se ha casado con la hija de un ex ministro de la dictadura, mientras que el de Dinamarca lo hará a lo largo de 2004 con una joven abogada australiana a quien, su suegra, la reina Margarita no quería ni conocer. Por último, traemos a la memoria que el príncipe Felipe, heredero de los belgas, escogió como esposa a Mathilde D'Udekem, que, a pesar de ser aristócrata, no mantenía el menor contacto con la realeza.

Si bien la Corona de España nunca en toda su historia tuvo una reina plebeya, hay que reconocer que otros reinos europeos sí las han tenido con un resultado inmejorable, tanto para los propios contrayentes como para los pueblos de los que son soberanos. Tal es el caso, por ejemplo, del feliz matrimonio entre el rey Balduino de Bélgica y la madrileñísima Fabiola de Mora y Aragón, que no había mantenido ningún contacto con la realeza a pesar de pertenecer a una aristocrática familia por ser hija de Gonzalo de Mora y Fernández, cuarto marqués de Casa Rivera y hermana, como muchos recordarán, de un personaje tan popular como don Jaime de Mora y Aragón, jugador de póquer, tabernero, emprendedor de negocios de mala salida, actor de reparto en películas de la época y egocéntrico que presumía por Puerto Banús alardeando del dinero que debía. A la madrileña le salió bien el reinado y al pueblo belga le salió extraordinaria la reina cuyo matrimonio tuvo lugar en la catedral de Bruselas el 15 de diciembre de 1960. ¿Por qué motivo no va a ocurrir igual con esta boda del príncipe Felipe?

Los más conservadores, que son pocos pero hacen ruido, se preguntan en cambio: ¿qué ha pasado, ha descendido la monarquía o se ha elevado el pueblo? La verdad es que el resultado es que hoy en día están casi en la misma línea de flotación.

Tiempos atrás era ciertamente difícil encontrar bodas morganáticas en la realeza europea. Las excepciones que existen son relativamente actuales como la ya citada de Balduino y Fabiola; o la de Carlos Gustavo de Suecia, casado con la alemana Silvia y la de Haraid de Noruega con Sonia. Incluso, ¿creen que no fue un auténtico campanazo internacional la boda entre el rey Rainiero de Mónaco y la actriz de la industria del cine Grace Kelly? Pues en todos estos casos, los reinos han salido ganando.

Y es que los tiempos cambian y, para nuestra suerte, es lógico que los príncipes y las princesas guarden en viejos baúles de buhardilla aquellas estrictas reglas morganáticas que los hacían desgraciados, a ellos y a sus pueblos.

Un séptimo en Vicálvaro

El piso de Letizia en Madrid está en la séptima planta de un edificio situado en la calle de Ladera de los Almendros, en el barrio obrero de Vicálvaro y tiene unos setenta metros aproximadamente. Desconocemos su interior y sólo podemos suponer que se tratará de un *pisito* cómodo y coquetón, donde en lugar de las grandes obras de Goya y Velázquez que cuelgan en los palacios, habrá póster en las paredes o cuadros propios de una joven trabajadora de su edad. Este tipo de decoración se puede presuponer por el detalle del felpudo de la puerta que aparece adornado con una margarita silueteada de cuerdas.

El nuevo hogar

El piso está muy cerca del último trabajo que tenía en los informativos de Televisión Española, que se encuentran dentro del edificio denominado *El pirulí*.

Por ser un séptimo exterior cuenta con buenas vistas que van a dar a todas las zonas verdes del barrio de clase media de Moratalaz, así como a la conexión de las autovías de Valencia y la llamada M-40.

Sus vecinas y vecinos hablan bien de ella aunque es bastante desconocida, ya que apenas paraba en casa ni paseaba por el barrio. Una de las señoras que viven en la finca de al lado, comentaba divertida que tras el anuncio de la Casa Real sobre el compromiso, unos avispados periodistas italianos de la prensa rosa le ofrecieron una importante cantidad de euros por poder instalar cámaras en su casa que enfocaran directamente a las ventanas del piso de Letizia.

—Se trataba de unos auténticos desaprensivos y pretendían fotografiar hasta el tendedero de la terraza por si aún tuviera algo de ropa de ella en las pinzas. Sobre todo, por la ropa interior.

Los vecinos del barrio ya estaban alertados de que algo estaba pasando, porque la seguridad y la vigilancia eran manifiestas, desde algo más de un mes antes de anunciarse el compromiso.

—Venían coches negros a todas horas y coches de cristales ahumados que no son normales en este barrio. Tenían pinta de policías, pero todos pensábamos que estarían buscando a algunos etarras que se hubieran instalado aquí.

La boda del siglo

Últimamente también Letizia había cambiado de coche y, si durante mucho tiempo tuvo un Seat Ibiza, en el último mes utilizaba un Audi 3 de color azul oscuro posiblemente de la Casa Real y por recomendación de seguridad.

Una anciana asturiana que vive en el barrio asegura que tiene muchas ganas de volver a verla para echarle la bronca: «Me pasé todo el día viendo la televisión después de la *pidia* y no me gustó nada que en la foto de familia con el Rey estuvieran todos menos los abuelos. Cuando las *pidias* de las infantas llevaron sus Majestades a doña María de las Mercedes, que por desgracia ya no está, pero los abuelos de ella sí viven y encima no necesitan la sillita de ruedas para moverse, ¿por qué no los invitaron, por qué?»

Los vecinos de la casa de la madre veían con más frecuencia a la futura reina, ya que muchos días abandonaba los estudios de televisión al mediodía para ir a comer con ella.

—Venía un par de horas —dice un vecino— y se la notaba muy familiar y muy apegada a los suyos. Creo que es vegetariana, por lo que comentaba su madre en el supermercado y es posible, por el tipito tan esbelto que tiene la moza.

Uno de sus ex compañeros de televisión recuerda la anécdota de cuando en una ocasión decidieron ir a cenar en grupo a un típico mesón del centro de Madrid.

—Por no sé qué motivo se decidió que fuera ella la que controlara la carta y eligiera el menú. ¡Nunca más, qué desastre! Nos llenó la mesa de platos de verde, ensaladas... ¡todos del más puro estilo vegetariano!

Hay que recordar que vegetariana también es su futura suegra la Reina, con lo cual pueden compartir unas agradables veladas con los mismos gustos culinarios.

Ésta era la vida de Letizia en el madrileño barrio trabajador de Vicálvaro, que, por otra parte, no difiere mucho de la que pueda tener una joven treintañera que trabaja en cualquier oficina de Madrid: visitas a la familia, amigos, cine, prensa en el kiosko de enfrente, últimos olvidos en el súper que cierra más tarde...

Hasta este momento, todo ha sido relativamente normal; pero a partir de ahora se presenta el gran reto: ¿cómo es posible para la mentalidad de una persona joven pegar un salto de tal altura sin que se descalabren las neuronas? ¿Cómo se puede vivir con relativa calma el dejar de limpiarse los zapatos en una esterilla de cuerdas en forma de margarita, para pisar auténticas alfombras persas? ¿Y cómo no perder la cabeza al pasar de conocer todos los rincones de una casa, a perderse en los más de mil setecientos metros cuadrados de la casa del príncipe?

¿Cambiará toda la decoración?

Pocas cosas han sido más vapuleadas que la casa de su Alteza Real el príncipe Felipe cuando en una desafortunada mañana se la presentó a la prensa.

No gustó nada ni a nadie. Los comentarios del día

siguiente la calificaban de fría, impersonal, con más visos de oficina protocolaria que de futuro hogar. Lo cierto es que resulta muy difícil crear ambiente cuando se dispone de elementos de decoración como muebles, enseres, cuadros, jarrones, esculturas y demás que pertenecen a la propiedad de Patrimonio Nacional. Es bien sabido por todos que el gusto no tiene una relación directa con el dinero invertido, y en esta nueva propiedad del príncipe es evidente que no se ha invertido con mentalidad de casa entrañable para vivir.

En la época de Eva Sannum, la polémica modelo que acompañó a don Felipe por espacio de casi cuatro años, se les vio juntos en esta residencia y es muy posible que su mentalidad noruega no viera con tan malos ojos el lugar que casi seguro Letizia cambiará en sus zonas más personales al menos.

La casa del príncipe se encuentra situada a un solo kilómetro del Palacio de la Zarzuela y fue complicado determinar el emplazamiento; primero, por seguridad y segundo, por proximidad con el palacio de sus padres los Reyes.

Comenzó a construirse en el año 1999 y fue inaugurada por don Felipe el 26 de junio de 2002. El complejo, de estilo renacentista, tiene más de 1.771 metros cuadrados utilizables repartidos en cuatro plantas.

Además, el edificio está enclavado en una finca de 12.000 hectáreas (mayor que la extensión del barrio en el que hasta ahora vivía la joven prometida). Días enteros necesitará Letizia para conocer la forma más adecuada de trasladarse por su nueva casa sin llegar a perderse.

En total tiene once dormitorios diferentes, todos ellos exteriores y con su correspondiente cuarto de baño, varios con bañera grande para agua termal. Tres salas de estar para poder ver la televisión, seis cuartos de servicio para el personal que se queda en la casa, cuatro despachos, uno para recepciones del príncipe, dos salas de audiencia que ya están siendo utilizadas desde hace meses, dos salas de consejo, un comedor grande para muchos invitados, tres *offices*, una cocina de grandes proporciones, cuatro vestidores, cuatro vestuarios, una piscina de diseño, tres ascensores, tres escaleras de comunicación con las plantas superiores, una bodega y una cava, una despensa, un muelle de carga para la entrada de mercancías y alimentos, una buhardilla, dos salas de máquinas y veinte plazas de garaje interior componen esta lujosa mansión donde se establecerá la vivienda de la pareja en Madrid.

El coste inicial de todo ello fue de cuatro millones de euros, el equivalente a 705 millones de pesetas, que salieron de los Presupuestos Generales del Estado, aunque luego fueron necesarias otras aportaciones de ampliación.

Los príncipes de Asturias ocuparán para su vida familiar la planta primera de la vivienda, de 750 metros cuadrados, que es la compuesta por cinco dormitorios, cuatro vestidores, tres salas de estar, cinco baños grandes, un aseo, un *office*, un cuarto de servicio, dos despachos y una espléndida terraza de 750 metros cuadrados con vistas a los jardines.

El príncipe Felipe incorporó a la casa algunos muebles que para él representaban recuerdos muy especiales, como por ejemplo, una mesa de comedor de caoba para veinte comensales que perteneció a sus abuelos los condes de Barcelona y que viajó desde Villa Giralda, en Estoril, a su palacete de Madrid. También un peculiar escritorio que el Rey tenía en el Palacio de la Quinta y que data del siglo XIX, así como cuadros que, aun siendo de Patrimonio Nacional, han estado ligados a los Borbones a lo largo de muchas generaciones.

Como es sabido, la Familia Real dispone fuera de Madrid de varios palacios que sirven tanto para pasar épocas de descanso, como para recibir a diferentes personalidades extranjeras, además del Palacio de Marivent en Palma de Mallorca donde tradicionalmente veranea todos los años. Es muy posible que para próximos veranos ya se haya adecuado algún bello palacio en Asturias donde el matrimonio pueda pasar unos días y de esta manera tener Letizia un punto de referencia con su tierra, su familia y sus amigos de la infancia.

Verdaderamente, a Letizia le espera otra forma completamente diferente de vivir, que hay que llegar a saber asimilar, lo cual no es nada fácil.

Con su llegada a la casa, aparecerán detalles y objetos nuevos, como recuerdos personales de los viajes que ha hecho

El nuevo hogar

por el mundo como enviada especial de Televisión Española, o los regalos de boda que supondrán un auténtico trasiego de mercancías en el muelle de carga del palacio. Hay que tener en cuenta que una boda de esa altura implica regalos de altísimo valor desde todas las partes del mundo.

Como recordarán, fueron los criticadísimos Patricia Sanchís y Francisco Muñoz los seleccionados entre más de cincuenta para decorar la casa del príncipe y cada uno se ocupó de diferentes estancias. La parte más comprometida estuvo a cargo de Francisco Muñoz, quien definió la decoración de las estancias más íntimas y familiares de la residencia. Muñoz cuenta con una amplísima trayectoria profesional tanto en España como en el extranjero. Hay que reconocer que este magistral decorador que ha montado casas millonarias en muchos lugares del mundo, se encontró con todos los grandes inconvenientes que supone montar una casa sin olvidar la sobriedad, el lujo y la seriedad que corresponde a un futuro rey aunque sea muy joven y por otro lado, sin saber quién pudiera ser la dama que la gobernara, con lo cual, las posibilidades de acertar todavía eran más pequeñas. Además, no se puede olvidar que tuvo que jugar con muebles, vitrinas, cuadros y esculturas que, siendo cada uno de ellos una auténtica joya, sin embargo son muy difíciles de combinar con una idea funcional y actual. Las luces que entran por las ventanas tienen, en muchas ocasiones, que mantener la veladura necesaria para no perjudicar a pinturas y tapices de muchos siglos atrás.

Luego vienen las necesidades a las que obliga el protocolo, como por ejemplo, el gran problema de los armarios. En los vestidores se montaron grandes armarios donde se guardan los trajes y los abrigos que se utilizan en todo tipo de actos oficiales o de representación. Las perchas en las que están colgados deben de llevar una ficha completa donde se especifica las veces que han sido utilizados y en qué lugares, así como la fecha, con lo que se evita que la reina vaya a un concierto en determinado teatro con el mismo traje que llevó a una ocasión similar anterior.

Esto es lógicamente impensable en una persona de vida normal y con un armario normal o incluso escaso de prendas, pero al llegar Letizia Ortiz a princesa de Asturias se encontrará que hay personal de costura y asesores de moda que le propondrán casi cada día nuevos trajes, pieles y complementos para ir engrandeciendo y actualizando su ropero personal. Se acabó el ir de tiendas contando los euros y mirando precios.

Los precios existen de otro modo en palacio.

El nuevo hogar

CAPÍTULO V

RESIDENCIAS REALES

¿Por qué los Reyes no viven en el Palacio de Oriente?

Puede parecer la pregunta más simple y en cambio es la que más veces me han formulado a lo largo de los últimos veinte años, y no sólo en tertulias de televisión, sino en universidades europeas durante varias conferencias sobre la Casa de los Borbones.

¿Por qué los Reyes de España no viven en el Palacio de Oriente? La respuesta exacta —tengo que reconocerlo—, es desconocida, pero sí existen varias razones que motivaron, quizá cada una en parte, la realidad que es hoy día.

En cuanto al razonamiento de la Familia Real situemos primero la figura de Don Juan de Borbón, padre del Rey, designado por el rey Alfonso XIII como heredero al trono de España por la renuncia de sus dos hermanos mayores, don Alfonso y don Jaime, cuyas respectivas bodas morganáticas les vetaban la Corona.

Don Juan de Borbón vivió de niño en aquel palacio feliz por desconocer todo lo que se cocía en la olla a presión que era España y que finalmente explotó a las ocho de la tarde del día 14 de abril de 1931, cuando Alfonso XIII, con lágrimas en los ojos, se despedía del personal más fiel de palacio para siempre, aunque sus últimas palabras antes de abandonar su casa fueron las de «Hasta muy pronto».

Al pie de la escalera, cuatro automóviles habían sido preparados para la huida: un Duesennberg rápido, preferido por el rey, un Hispano suizo, del príncipe de Asturias y dos Cadillac.

A partir de entonces, el Palacio de Oriente, en principio llamado El Alcázar, es testigo de momentos llenos de amargura, tales como el inicio de la Segunda República que se prolongaría hasta el gobierno de Franco.

La noche siguiente a la huida del rey, la reina Victoria Eugenia y los infantes se trasladaron después de la cena a sus habitaciones situadas en el piso principal, acompañados exclusivamente de damas como la duquesa de La Victoria y la de Lécora. Fue una noche de preludios terribles y de angustias por el futuro que se abría tan incierto para el resto de la Familia Real que sabía que también debía abandonar aquel lugar. Noche de dolorosas escenas, como es de suponer, al tener que recoger apresuradamente los recuerdos y las cosas más íntimas que viajarían con la Familia Real no se sabía muy bien adónde.

Las infantas doña Beatriz y doña María Cristina, estaban muy conmovidas, seguramente porque creían, dada su juventud, que en un trance así las hijas de los reyes se iban a ver rodeadas por todos los afectos a los que estaban acostumbradas. El secretario particular del rey, el marqués de Torres de Mendoza, permaneció despierto toda la noche; otros jefes palatinos estuvieron arreglando papeles y destruyendo documentos que no debían caer en manos indiscretas, puesto que todo el mundo ignoraba quién entraría en palacio a la mañana siguiente.

Apenas amaneció, se despertó a la reina y a los infantes, que tras los cristales de sus habitaciones, pudieron contemplar la escena desoladora de una plaza de Oriente invadida por una multitud que gritaba contra el rey y contra la monarquía, que amenazaba con cortar cabezas y profería insultos de todo tipo mientras enarbolaba banderas republicanas.

La puerta del Príncipe se hallaba cerrada y por primera vez sin centinelas de guardia en el exterior. El aspecto que ofrecía aquella plaza a las siete de la mañana era verdaderamente tremendo y ya las piedras y los trozos de hierro que se arrojaban contra las paredes y los cristales de palacio producían terror en todos los que estaban dentro de él.

Para despedir a la reina Victoria Eugenia y a sus hijos, las contadas personas que lo hicieron, tuvieron que acceder por las puertas laterales de la plaza de la Armería y previa justificación de su personalidad ante los soldados y miembros de la Guardia Cívica.

A las nueve menos cuarto, un camión salía de palacio con los equipajes de ropa, joyas y recuerdos que se habían conseguido reunir apresuradamente durante la noche.

A las nueve y veinte, la reina Victoria Eugenia y sus hijos se despedían con llantos del personal de servicio de palacio que desfiló delante de ellos en un pasillo. Después, bajaron por unas escaleras secretas del edificio hasta la denominada *puerta incógnita* que poseen todos los palacios europeos y que está exclusivamente destinada para casos como el que narramos. La entrada a esta escalera es conocida por muy pocas personas afines al rey y es casi imposible de localizar ya que se encuentra oculta tras un gran mueble.

Las reales personas iban acompañadas sólo por dos damas de honor y por el príncipe don Álvaro de Orleans. Como ya habían desaparecido los guardias de vigilancia, sólo un pequeño número de alabarderos, la Guardia Real, les custodiaba.

Todo el camino hasta salir al Campo del Moro, donde aguardaban los coches, fue de muy triste recuerdo. La reina daba las últimas instrucciones para que se descolgara y se salvara el cuadro de la fallecida reina María Cristina, los infantes estaban llorando atemorizados porque habían oído al personal de servicio que los partidarios de la República ya estaban tratando de entrar por la puerta principal con latas de gasolina para prender fuego por todas partes. Una vez en los coches, que por cierto en algún momento fueron detectados por la muchedumbre que lanzó piedras a los cristales, llegaron hasta la estación de tren de El Escorial donde les aguardaba el tren rápido que les condujo hasta Hendaya.

¿Sería este palacio el lugar adecuado para que se instalara nuestra Familia Real a vivir, cuando los abuelos del rey tuvieron que abandonarlo de aquella manera? Todo parece indicar que no, y como dato curioso, recordemos que para el bautizo del príncipe Felipe regresó a España la reina Victoria Eugenia que actuó como madrina. Cuando le dijeron que tenía sus habitaciones preparadas en palacio para su corta estancia contestó que no, que de ninguna manera entraría en aquel palacio del que tuvo que salir con tantísimo dolor y amargura, e incluso se evitó su paso por delante para que no lo volviera a ver.

Ésta puede ser una de las causas históricas por las que la Familia Real no vive en palacio como otras dinastías, por ejemplo, la inglesa.

Entre las razones históricas también conviene remontarse a la llegada de don Juan Carlos y doña Sofía a España cuando aún eran príncipes de Asturias. Por indicación de Franco, tras su viaje de bodas, los príncipes comenzaron a vivir en el Palacio de la Zarzuela, en los alrededores de Madrid. Era un momento delicado y don Juan Carlos siguió las pautas marcadas por Franco, que fue quien, en definiti-

Residencias reales

va en 1969, le designó como sucesor a la Jefatura del Estado. Pero antes de que se tomara esta decisión había una gran incertidumbre sobre la consolidación de la monarquía lo que también influyó en la decisión de que no fueran directamente a vivir al Palacio Real y que se instalaran en la Zarzuela.

El Palacio Real de Madrid ha quedado para usos oficiales como la presentación de Cartas Credenciales de los nuevos embajadores que se incorporan, los actos oficiales de máximo relieve, las visitas diarias de multitud de turistas acompañados de guía, y por supuesto, para celebrar un banquete de bodas como el del príncipe Felipe y Letizia Ortiz.

El Palacio Real, una casa de tres mil ventanas

El rey Carlos III fue el primer monarca que vivió en el Palacio Real de Madrid, que fue destruido por un devastador incendio en la Nochebuena del año 1734. Nunca se descubrió la causa que produjo tamaña catástrofe, y en aquel momento se descartó el concepto de un atentado; más bien se admite como cierta la hipótesis de que unos servidores palatinos en medio de la celebración de Nochebuena, prendieran fuego involuntario a unos enormes cortinajes que ardieron con presteza.

El pueblo de Madrid, pequeño en aquella época, vio el resplandor por las ventanas de sus casas y acudieron en multitud ante la plaza de Oriente. Allí el fuego consumía muros, torres, puertas y ventanas. Las ricas estancias que contemplaron suntuosas fiestas estaban siendo devoradas por las llamas. Cuadros de incalculable valor, cerámicas y porcelanas exquisitas, alfombras traídas directamente de Persia y tapices de delicada factura eran pasto del fuego.

El rey Felipe V, el primer Borbón en España, quiso construir un nuevo palacio para reparar esta lamentable pérdida que pertenecía a la dinastía de los Austria. Felipe V estaba formado a la francesa y, por ese motivo, quería un edificio de acuerdo con sus gustos para su palacio de Madrid. No obstante, fue un arquitecto italiano, Felipe Juvara, quien presentó el proyecto que al fin se aprobaría. Mostró al monarca los planos: 476 metros de fachada por cada lado, 28 metros de altura, 34 puertas de entrada, 23 patios interiores y 3.000 ventanas al exterior. Las dimensiones iniciales eran demasiado grandes para el lugar donde se quería edificar, por lo que se consultó a un nuevo arquitecto, también de origen italiano, Juan Bautista Sachetti, quien rectifica las medidas generales aunque se conserva el número de puertas y ventanas.

El 7 de abril de 1738 es colocada la primera piedra del actual Palacio Real a cuarenta metros de profundidad y en el acto el marqués de Villena, intendente de la Casa Real, depositó encima de esta piedra una caja de plomo que contiene varias monedas de oro de la época y un escrito *secreto* de puño y letra del propio monarca.

Felipe V moriría sin ver terminada la obra cuya construcción se continuó bajo el reinado de Fernando IV. Al morir éste, su sucesor, Carlos III, es el primer rey que empieza a habitar la nueva *casa*. Desde ese día, las familias reales sucesivas vivieron en él hasta la comentada huida de los abuelos de don Juan Carlos, como ya hemos citado.

Una de las curiosidades que tiene este palacio son los túneles subterráneos que le unían con el centro de Madrid y por donde los Borbones, muy dados a las correrías amorosas nocturnas, escapaban para tener encuentros con sus queridas en casas privadas o cuando asistían a las funciones de los teatros.

La puerta principal en la plaza de la Armería da paso a una gran escalera, obra de Sabatini. Sus peldaños son de mármol de una sola pieza, algo único en el mundo, ya que tienen cinco metros de largo cada uno. Las pinturas de la bóveda son de Conrado Giacquinto.

En la primera planta se encuentra el salón de alabarderos, cuerpo militar de protección de los reyes y de toda la familia. Este salón está cubierto por tapices del siglo XVIII, sobre cartones de José del Castillo. Las pinturas de la bóveda son de Juan Bautista Tiépolo.

De ahí se pasa al salón de Columnas, noble escenario de importantes jornadas de palacio: desde el banquete de bodas de la reina Mercedes, casada a los diecisiete años con Alfonso XII, hasta la capilla ardiente de su propio cadáver, cuando apenas habían pasado seis meses.

Este salón da paso a las estancias que ocupó Carlos III, cuando por primera vez se habitó el palacio. Se trata de una saleta, la antecámara, y el salón de Gasparini. En esta noble estancia, una de las más bellas de palacio, se encuentran tesoros incalculables entre lámparas, cortinajes, tapices y lienzos. Además, hay que añadir las habitaciones que ocupaba Francisco de Asís, el marido de la reina Isabel II. Este esposo de condición homosexual desde su nacimiento no visitó nunca el dormitorio de su esposa y se cuenta que vivía en aquella estancia amancebado con su confesor con el que tenía relaciones. Era tal su comportamiento homosexual, que se decía que andaba de puntillas como una bailarina de ballet y cuando paseaba en carruaje por Madrid, el pueblo le saludaba al nombre de *Paquito natillas* mientras él contestaba sonriente y moviendo el pañuelo por la ventanilla.

El comedor de gala, lugar donde se celebrará el banquete nupcial de don Felipe y Letizia Ortiz, se preparó de forma especial para la boda entre Alfonso XII y su segunda esposa María Cristina de Habsburgo. Por último, puntualizaremos que el gran salón del trono es una pieza de increíble valor que se mantiene en el mismo estado a pesar del paso de los siglos. La bóveda fue pintada por Juan Bautista Tiépolo, en 1764, seis años antes de su muerte acaecida en Madrid.

CAPÍTULO VI

AL AMPARO DE LA REINA

La primera reina de España universitaria

Letizia Ortiz será, sin lugar a dudas, la primera reina de España universitaria, y éste es un detalle que no puede perderse de vista. Sin embargo, que llegue a ser digna sucesora de doña Sofía ya es otra cosa. Ser reina es mucho más difícil que hacer cien carreras en las universidades; ser reina supone trabajar las veinticuatro horas del día; significa también que hay que saber mantenerse en una posición clara, neutral, sin sobresaltos de alegría o de dolor. En definitiva, ser reina es algo casi imposible de aprender. Los monárquicos más veteranos recuerdan aquella famosa frase de un discurso de Don Juan de Borbón en el que dijo: «Para ser reina hay que nacer princesa», pero como estamos en el proceso de la modernidad, de las innovaciones, de los experimentos, esperemos tranquilamente a ver qué agradable futuro nos depara una monarquía que ha roto con la Historia para fabricar su propia nueva historia.

Desde el día siguiente al anuncio del compromiso oficial, Letizia Ortiz inició su dura preparación para aprender las primeras reglas del protocolo, los conocimientos imprescindibles de la Historia de nuestro país, así como los de la Historia universal de la monarquía, todos los detalles que no puede olvidar sobre la Casa de los Borbones —aunque suponga enterarse en algunos casos de un pasado muy poco ejemplar en cuanto a fidelidad conyugal—, conocimientos de política y economía, las personalidades de cada Casa Real europea e infinidad de cosas más, para que durante cualquier acto oficial dentro o fuera de nuestro país sepa estar a la altura de una princesa de Asturias dentro de muy poco y de una reina de España el día de mañana. Nadie ajeno a la Casa Real se puede imaginar lo que supone todo esto, lo diferente que es del paso obligatorio por la escuela, la facultad o los diferentes cursos de master. Y todo esto debe aprenderlo una joven que, al menos en los tiempos de su primera relación, la monarquía le era indiferente.

El *pinganillo* de oro

Las reinas del pasado, casi todas tristemente ignorantes, no necesitaban esta preparación porque apenas se las dejaba hablar. El machismo monárquico llegaba a extremos insostenibles para las sufridas damas cuyo papel las más de las veces se reducía a procrear el primogénito en primer lugar, y a proporcionar placer después.

Pero las cosas han cambiado y hoy en día, las reinas hablan en los actos oficiales en los que están presentes, dan su opinión sobre los asuntos más diversos, conversan con otras primeras damas de otros países y no precisamente de moda o de las intervenciones rosas en la televisión. Cuando Letizia Ortiz esté en sus primeros actos oficiales, cuánto va a echar de menos aquel *pinganillo* famoso que salva a todos los profesionales de televisión. Por si alguno que leyere estas páginas tiene dudas sobre lo que es un *pinganillo*, les diré que es algo sin lo que los profesionales de la pantalla no saben trabajar. Se trata de un diminuto altavoz que va introducido dentro del hueco del oído y por el que en cualquier momento puede recibir indicaciones. Letizia lo llevaba puesto siempre que salía en televisión justo en el lado derecho y no movía una mano sin ser autorizada por el directivo que controla los informativos desde otro lugar. Por eso, en esta nueva andadura, cuánto echará de menos un *pinganillo* de oro que le diga: primero salude al caballero del pelo claro; en la parte trasera del coche sitúese siempre a la izquierda del príncipe; al señor que tiene enfrente le puede sonreír, pero mantenga el gesto serio con el de al lado...

Hasta este momento, la Casa Real española sólo tenía una primera dama; ahora, va a tener dos. Será imprescindible hacer un adecuado reparto de obligaciones que, en principio, no va a resultar nada fácil. Actualmente las obligaciones de doña Sofía están centradas en los temas de solidaridad, cultura e impulso social. Las que correspondan a la princesa de Asturias no parecen tan nítidas en estos días y deberán ser meticulosamente estudiadas por quien corresponda en la Zarzuela.

Sería completamente absurdo tratar de establecer comparaciones entre la actual reina de España, doña Sofía, con toda una milenaria historia monárquica en sus anales además de una durísima infancia que sorprende a cualquiera, según se comprobará cuando lo comentemos más adelante en este mismo capítulo, y Letizia Ortiz, la futura reina, si Dios quiere. No obstante hay muchos puntos de contacto entre las dos y esto contribuirá sin duda a que se establezca una compenetración muy positiva entre las dos primeras damas, la reina de España y la princesa de Asturias.

Sofía de Grecia

Hija del rey Pablo I y la reina Federica de Hannover. Por tanto, descendiente directa de los Reyes Católicos, Fernando e Isabel.

Estudios:

Estudia en el prestigioso internado alemán de Schioss

Salem. Se especializa en Puericultura y Música. Estudia Arqueología. Doctora *Honoris Causa* por las Universidades de Valladolid y Cambridge.

Aficiones: La música, la arqueología y las culturas milenarias.

Carácter: Sencilla, cariñosa, familiar.

Deportes favoritos: Esquí, vela y navegación.

Su pasión: Sus cinco nietos, Felipe Juan Froilán, Victoria Federica, Juan Valentín, Pablo Nicolás y Miguel.

Letizia Ortiz

Hija de Jesús Ortiz, periodista radiofónico y Paloma Rocasolano, enfermera.

Estudios: Licenciada en Ciencias de la Información por la Universidad Complutense; Máster en Periodismo Audiovisual por el Instituto de Estudios de Periodismo Audiovisual.

Diversos premios por su labor periodística en televisión.

Aficiones: La música, los viajes y la gastronomía.

Carácter: Inteligente, alegre, discreta, trabajadora y buena conversadora.

Deportes favoritos: Acude todos los días al gimnasio.

Su pasión: La literatura, el cine y la música.

Por increíble que pueda parecer, Letizia consigue a las dos semanas del compromiso oficial crear entre las jóvenes españolas el *estilo Letizia*: la ropa blanca comenzó a proliferar en los escaparates de invierno y su peinado es el que más se está demandando actualmente en las peluquerías. Sabe hablar bien, lo hace con la soltura profesional de unos cuantos años ante las cámaras. Sabe sonreír, lo cual no es demasiado fácil. Sabe salir al paso de situaciones embarazosas como demostró en la pedida de mano, por ejemplo, cuando se habló del libro de Mariano José de Larra que ella había regalado a don Felipe y la prensa insistía hasta que zanjó los comentarios con su frase: «El príncipe es un gran lector.»

Enemigos, como es de esperar, le aflorarán todos los días, y algunos monárquicos con parlamento para exponer sus ideas ya están insistiendo en la objeción de que Letizia «tiene mucho pasado», a lo que cabe responder:

De acuerdo, pero, ¿acaso el príncipe no lo tiene? A don Felipe se le han conocido dieciocho mozas y tres han sido realmente importantes como Isabel Sartorius, con la que tuvo una relación desde 1989 a 1992; Eva Sannum, modelo noruega con la que vivió otro noviazgo, nunca confirmado, que finalizó en 2001; y además, en 1995, se le relacionó con la americana Gigi Howard. Entre tanto, muchos otros nombres se iban acumulando en las páginas de color de la prensa del corazón con fotos más o menos comprometidas: Gabriela Sebastián de Erice, Tatiana de Liechtenstein, Victoria de Borbón, Gwyneth Paltrow y otras muchas más.

Los dos son jóvenes de hoy y han tenido una vida sentimental acorde con su tiempo; los dos tienen pasado, pero ¿tiene eso importancia hoy?

La otra persona que citamos en este capítulo —personalidad, mejor dicho—, es la reina de España, Sofía de Grecia. El *pasado* que ella conoció fue una infancia triste con huidas, destierro e incluso miseria. Sofía, hija mayor de los reyes de Grecia Pablo y Federica, está emparentada directamente por consanguinidad con las casas reales de Bélgica, Bulgaria, Inglaterra, Rumania, Yugoslavia, España, Suecia, Rusia, Luxemburgo, Alemania, Holanda, Noruega y Dinamarca y aún pienso que olvido alguna más. Lo más sorprendente es que su árbol genealógico nos conduce al tronco común de Fernando V de Aragón e Isabel I de Castilla, Reyes Católicos.

Cuando doña Sofía nació eran tiempos difíciles para Grecia, a pesar de que la dinastía de los Schieswig había quedado restaurada después de los largos periodos republicanos. La fuerza fascista amenazaba continuamente a la débil democracia mundial. Alemania pretendía apoderarse de Albania, Italia por su parte, también, y las pequeñas islas griegas atravesaban ráfagas de conflicto. Es en este periodo cuando el 2 de noviembre de 1938 viene al mundo la primera de los hijos de los reyes Pablo y Federica. Nació por la tarde, casi de noche en el barrio ateniense de Psyhico. Según es costumbre en Grecia, dejaron pasar bastante tiempo hasta su bautizo. La madrina fue la reina Elena, princesa de Montenegro casada con el rey de Italia Víctor Manuel III, mientras que el padrino era su tío el rey Jorge II.

El 28 de octubre del año siguiente, cuando doña Sofía aún no ha cumplido los dos años, Mussolini invade Grecia exigiendo la total rendición. La gran resistencia del pueblo griego quedó finalmente aplastada en 1941 y la Familia Real griega abandonaba Atenas en abril de ese mismo año iniciando un exilio que habría de durar más de diez.

Hacia la medianoche del 22 de abril, un hidroavión inglés con los motores en marcha, aguardaba la llegada a la playa del coche que trasportaba a la Familia Real: la princesa viuda de Aspasia y su hija Alejandra; la princesa Katherine, hija del rey Constantino y hermana de Jorge II; la princesa Federica con sus dos hijos, Sofía y Tino; y el anciano tío Jorge.

Antes de esta huida al exilio, doña Sofía, cuando apenas tenía dos años, había padecido los horrores de la guerra. Recién llegadas las fuerzas de ocupación a Atenas se iniciaron los bombardeos. La reina Federica con sus dos hijos se refugió en medio del campo en una zanja hecha en la tierra a modo de trinchera. A doña Sofía, su madre le tapaba las orejas para que no oyera el ruido de las bombas y le cantaba, para tranquilizarla, una vieja canción popular. En el viaje al exilio del hidroavión, la familia griega no llevaba nada, tan sólo la ropa puesta y algunos paquetes de galletas. Nada de nada.

La boda del siglo

El exilio de la pequeña doña Sofía fue terrible como son todos los exilios. En sus memorias relata que en esta vida itinerante llegó a dormir arropada en mantas húmedas, escondida en sótanos, que la cambiaban continuamente de casa o de alojamiento, que llegó a vivir en veintidós lugares diferentes y con todo lo que poseían a cuestas. «Esto —relata— tenía dos ventajas: por un lado con tanto cambio no nos aburríamos mi hermano y yo y, por otra parte, no nos apegábamos ni a los muebles, ni a las casas, ni a los barrios; y luego al estar siempre haciendo la maleta yo también hacía la maleta de mi muñeca. Cada vez que se iniciaba una marcha gritábamos para engañarnos "¡vámonos, que esta vez vamos a casa en Grecia!", y eso nos mantenía viva la esperanza para poder seguir viviendo.»

CAPÍTULO VII

LA COMPLICIDAD DE LA PAREJA

Una petición de mano inolvidable

Una de las primeras dudas con las que se enfrenta una pareja cuando se va a tomar una decisión tan importante como la de casarse, es la de si les parecerá bien a las familias respectivas o si pondrán algún inconveniente por su parte para que dicha boda no pueda llevarse a cabo.

Pues bien, Felipe de Borbón y Letizia Ortiz se enfrentaron a esta duda pero sumaron otra más que el resto de los jóvenes no tiene por qué plantearse: ¿Les parecerá bien nuestra boda a los españoles?

Y es que, la perspectiva de pasar de princesa de Asturias a próxima reina de España hace de esta boda un hecho que nos incumbe a todos. Es casi como si se nos casara alguien que nos toca muy de cerca. Y de hecho, la prueba está en detalles como las encuestas realizadas en su día por un periódico nacional, o en la avidez de noticias sobre el tema que tenemos todos, o según se demostró, en el interés despertado en todos los televidentes que, en definitiva, somos prácticamente todos.

Para el pueblo, que es quien manda en definitiva, la boda es una boda de diseño. No podía haberse buscado una boda mejor, ni que acaparara el interés de todos, ni una novia que gustara tanto.

En primer lugar, porque a los españoles nos parece muy bien el hecho de tener una reina española, es algo que sube la autoestima de cada uno de nosotros. Recordemos que doña Mercedes de Orleans, cuya boda se celebró el 23 de enero de 1878, fue la última reina española y de eso hace ya la friolera de ciento veinticinco años.

Boda de diseño sí, porque ella es guapa, joven y sabe sonreír. Es profesional del periodismo; aparece todas las noches en pantalla mientras cenamos; viene de provincias —como casi todos los españoles—; es feminista, lo cual hace mucha falta en cualquier monarquía del mundo; su padre es un hombre de la radio, el medio más próximo al pueblo; su madre, enfermera, era sindicalista; tiene dos hermanas —¡qué guapas!—; vivía en un piso modesto de un barrio modesto, como casi todos; tenía un utilitario como yo. El pueblo, tierno, borrego hasta que se convierte en lobo, romántico hasta la saciedad, hablaba siempre de una «boda por amor». En el caso del ya viejo tema de Isabel Sartorius, el pueblo era el único que defendía a capa y espada aquella relación porque veía en ello una historia de amor. Cuando el romance con Eva Sannum era pasto de las revistas del corazón, lo que el pueblo admitía era que allí se intuía una historia de amor. Ahora, con la definitiva relación con Letizia Ortiz, el pueblo ha dado su aprobación porque sabe que se trata de una boda de amor. No hay otra relación que se pueda encontrar a esta unión. No se esconden en ella intereses internacionales ni económicos, no está sujeta a las reglamentaciones de una tradición monárquica. Realmente no hay ningún tipo de interés salvo el del amor que, por otro lado, es el único que debe primar en una pareja para que sea feliz.

Una de las incógnitas que los medios de comunicación no han resuelto claramente, puesto que muchas de las explicaciones aún pertenecen a la categoría del chismorreo, es el momento en que la pareja se conoce y se enamora. Se ha hablado de la tan traída y llevada cena de Pedro Erquicia en su casa de Madrid a la que asisten, entre otros, el director general de RTVE, José Antonio Sánchez; el jefe de la secretaría del Príncipe, Alfonsín; Alfredo Urdaci, director de los informativos de la cadena estatal, y la propia Letizia Ortiz. Y se habla de ello para intentar demostrar que el príncipe era ya un hombre enamorado que en todo caso había buscado los celestinos adecuados para que todo saliera bien.

Esto es algo completamente lógico. A ver quién en su juventud no buscaba el amigo o la amiga que te presentara

La complicidad de la pareja

a quien te interesaba o de quien ya estabas enamorado. Que nadie se rasgue las vestiduras por estos comportamientos y menos que busque trasfondos donde no los hay. Es algo completamente normal, salvo en que el enamorado, en este caso, es un príncipe.

Que la Zarzuela haya pasado vértigo cuando el príncipe confesó a la familia de quién se había enamorado es algo completamente seguro. Pero el resultado no ha estado nada mal. Al pueblo, a quien las monarquías tanto respetan porque saben que en definitiva es él quien les da la soberanía, se le ha ganado por el amor. En este caso no hacían falta estrategias de acercamiento, ocultaciones más allá de las justas, *marketing* para evitar un caos, nada de eso hacía falta por mucho vértigo que produjera la noticia; al pueblo se le gana con el amor y ésta era una clara relación basada en el amor. ¡Viva los novios!

Y llegamos a la petición de mano, la inolvidable petición de mano. Nada ha sido tan apabullante en la Casa Real como esta petición de mano: ni las anteriores de las dos infantas Elena y Cristina, ni las presentaciones de los nietos de los Reyes, ni las onomásticas, ni ningún acto familiar de la Corona. En esta ocasión no se sabía si los personajes hacían mutis por la derecha o por la izquierda, porque desde el punto de vista más acérrimo a las tradiciones monárquicas del protocolo, todo, todo era como entre divertido, fácil y casi teatral.

Letizia Ortiz, guapa, muy guapa, apareció ante las

cámaras de televisión que tanto la quieren —lástima que no haya llegado a las de cine—, con un espléndido traje de chaqueta y pantalón de color blanco de Armani que, según parece, costó 1.800 euros. El traje de crepé color blanco roto —denominación del mundo de la moda—, se componía de una chaqueta con cuello chimenea que ella utilizaba con mucha frecuencia en los platós del informativo, y un pantalón ligeramente acampanado que se puede permitir dada su estatura.

Los regalos de la pedida casi fueron lo único reglamentariamente protocolario. El príncipe y Leticia mostraron un precioso anillo de compromiso, un aro de oro blanco con brillantes, un collar familiar de perlas y zafiros, unos gemelos de oro blanco y un histórico libro de Larra de 1850, que es una pieza de colección aunque su valor literario sea muy bajo.

La ceremonia pública, seguida a través de los medios de comunicación, tuvo lugar a las 12.30 del 6 de noviembre de 2003, en el Palacio del Pardo, veterano recinto cargado de historia monárquica y repleto y testigo de otros enlaces de amor como el popularísimo y tristemente breve de María de las Mercedes y Alfonso XII.

Don Felipe y Letizia aparecieron de la mano y cruzaron por el jardín que aquel día estaba espléndido, vestido de una mañana más propia de primavera que de otoño, probablemente gracias a las oraciones de algún responsable del protocolo...

Días antes, la noticia había dado la vuelta al mundo: el príncipe soltero más deseado del planeta había decidido casarse. Resultado: 350 periodistas acreditados, cámaras de televisión de Europa y América, enviados especiales recién llegados al aeropuerto de Madrid-Barajas. Todo lo que un anuncio de boda de esta magnitud puede esperar y mucho más todavía. Fue tal la solicitud de credenciales que recibió la Zarzuela, que el Pardo se convirtió en solución de urgencia para dar cabida a la magnitud numérica del acontecimiento. Recordemos que en las anteriores peticiones de mano que habían tenido lugar en 1994 para Elena y en 1997 para Cristina, todo se había resuelto en los jardines de la Zarzuela.

Y esperan tener hijos

Tras el paseo por los jardines, breve, pero suficiente para que los reporteros gráficos pudieran inmortalizar a la pareja que ya forma parte de la Historia de España, se llegó al interior donde se desarrolló la rueda de prensa excediendo con mucho el tiempo marçado por los responsables del protocolo. Bien, primer paso de acercamiento a una monarquía moderna y sin imposiciones agobiantes.

Letizia, una vez más, demostró que no tiene ningún problema con las cámaras y se comportó como si se tratara de uno de sus informativos tan habituales para ella, como si en lugar de ser el foco de atención, fuera una mera portadora de información. En todo momento demostró una tranquilidad y un aplomo admirables.

La primera pregunta que todos tenían en mente era la fecha de la boda, pero como es lógico, en aquel momento, aún no se podía precisar más que en una aproximación temporal: hacia el final de la primavera o el comienzo del verano.

A la pregunta de «¿cómo ha sido posible guardar el secreto durante todo este año?», Leticia contestó que «ha sido difícil». Y es que, si tenemos en cuenta todos los detalles, no es que haya sido difícil, sino casi milagroso. Porque si algo acaparaba la atención de todos los medios de comunicación eran los posibles encuentros amorosos de don Felipe. Sus anteriores relaciones fueron alcanzadas una a una por la punta de los objetivos en los lugares más insospechados tanto dentro como fuera de España. Además, a esto se une el hecho de que don Felipe tiene grandes inconvenientes para poder salvar su intimidad, en primer lugar, por su rostro archiconocido y en segundo, por su estatura. No existe forma de disimularlo porque aunque vaya rodeado de miembros de seguridad, su cabeza sobresale por encima de todos ellos. Pues bien, aplausos para la pareja que, milagrosamente, ha conseguido mantener su secreto. Nadie pudo publicar ni una línea con anterioridad al comunicado oficial; nadie pudo comenzar a partir la tarta de este impresionante pastel que tanto esperaba la prensa del corazón.

La complicidad de la pareja

Y por fin, con todo desparpajo, una avispada redactora formuló la pregunta más esperada de toda la rueda de prensa: «¿Y piensan tener niños?»

La periodista debía de ignorar las frases del rey Ramiro I de Aragón (1035-1063), cuando dijo: «La primera obligación de un rey es tener esposa y la de una reina tener hijos»; o la del rey de Navarra, García Ramírez IV, el Restaurador (1150-1194) cuando pronunció aquello de «Puedo estar tranquilo porque mi pueblo ya tiene un heredero y yo tengo un hijo»; o lo que dijo Carlos Marx: «En una monarquía, el acto sexual es el acto supremo del Estado.»

La respuesta del príncipe fue plenamente tranquilizadora: «Nuestra intención es tener por encima de dos y por debajo de cinco hijos.» Al margen de los comentarios anecdóticos de aquella jornada hay que destacar la pensada frase del príncipe Felipe cuando dijo: «Este matrimonio significa, sobre todo, la continuidad. Permite dar la posibilidad de tener un eslabón más en la cadena de la dinastía y nos engarza con la Historia.»

Ahora, el nuevo problema con que se enfrenta la Casa Real y, por supuesto todos los españoles, es la caduca, maloliente, cadavérica y anticuada Ley sálica, que por desgracia sigue completamente vigente en nuestra Carta Magna.

Nos referimos al triste hecho de que la Corona pase a descendencia por la línea del varón normativa que atañe también a todo el escalafón de la aristocracia: duques, condes, marqueses...

Es inexplicable que ya navegando en el siglo XXI, y cuando se acaban de conmemorar los veinticinco años de la Constitución Española, la Ley conceda menos atribuciones a las mujeres que a los varones.

Para que los lectores conozcan más en profundidad el tema del que hablamos, nos remitiremos al artículo 57.1 de nuestra Constitución relativo a la sucesión del trono, según el cual se da preferencia a la línea dinástica del varón sobre la de la mujer. Discriminación que no sólo contradice incluso al propio artículo 14, en el que se establece la cláusula universal de igualdad para todos los españoles, sin que haya causa o pretexto para no cumplirse, sino que además, va en contra del aire de los tiempos, puesto que cada día es más evidente que hombres y mujeres deben tener los mismos derechos para acceder a un puesto de trabajo, aunque este trabajo sea el de reinar.

Preguntado sobre este tema el presidente del Gobierno José María Aznar cuando se encontraba en un viaje por el extranjero, contestó con evasivas y un rotundo «No es el momento.» Ciertamente cambiar este sistema sucesorio es algo mucho más complejo de lo que desde la calle se pueda pensar. Su obstáculo más grave es el de carácter procesal. Como hemos apuntado, el artículo 57.1 forma parte del título II de la Constitución, incluido por el artículo 168 en el núcleo prácticamente intocable, por lo que una reforma de este estilo conlleva un proceso legal extremadamente rígido. Para modificar este artículo son necesarios cinco requisitos: primero, que la iniciativa de la reforma provenga del Gobierno, del Congreso y del Senado; segundo, que la reforma sea aprobada por una mayoría de dos tercios de cada una de las dos cámaras: Congreso y Senado; tercero, que se disuelvan las mismas y se convoquen elecciones; cuarto, que las nuevas Cortes Generales aprueben la reforma otra vez en cada una de las Cámaras, por mayoría absoluta; quinto, que la reforma se someta a referéndum nacional y sólo cuando sea aprobada por el propio pueblo podrá entrar en vigor.

El resultado, como se habrá podido apreciar, es que en definitiva nos quedamos como estábamos.

«Nuestra intención es tener por encima de dos y por debajo de cinco hijos», pero ¿será el primogénito un varón para que continúe el eslabón dinástico del que hablo?

Tengamos en cuenta que si hubiera alguna relación probada sobre el sexo de los hijos y la ascendencia de las familias, por parte de la Familia Real es de dos a uno: Elena, Cristina y Felipe. Pero por parte de la familia Ortiz-Rocasolano es de tres a cero: Letizia, Telma y Erika.

Esperemos que los tiempos modernos y cambiantes de los que tanto alardeamos, no nos lleven con la próxima generación a la vergüenza de tener que rechazar a una niña como legítima heredera sólo porque no es un varón.

CAPÍTULO VIII

EL PARECIDO DE LETIZIA
CON OTRAS REINAS

La otra Leticia odió a la hija de Larra

Aunque con rasgos absolutamente personales, Letizia Ortiz, la próxima reina de España, guarda una notable similitud con otras reinas anteriores como podremos ver a lo largo de este capítulo.

En primer lugar, la cuestión del nombre. A pesar de lo difícil que resultaba, he conseguido localizar a la esposa de un rey de España que tuvo el mismo nombre que la prometida del Príncipe, aunque en este caso Leticia se escribiera con *c*. Además, da la casualidad de que también ella tuvo que ver con el escritor Mariano José de Larra, autor del libro que Letizia ha regalado al príncipe, aunque por razones mucho menos literarias que la valoración de su prosa. Me refiero a la traición amorosa y al engaño del que fue objeto por parte de su marido el rey al tener éste como amante a la hija del admirado escritor. Ignoro si Letizia conocía este dato curioso, olvidado quizá por los años, pero sacarlo hoy a la luz creo que no deja de ser una anécdota repleta de interés por la coincidencia de los nombres.

Un breve repaso sobre la personalidad y el momento histórico de este rey de España. Desde el principio Amadeo dejó claro que no deseaba de ningún modo ser rey y menos de España, puesto que era un país que desconocía y del que tenía pésimas referencias. Pero las circunstancias que le tocó vivir y la presión de su propio padre le obligaron.

La revolución que estalló en 1868 condujo a Isabel II a exiliarse en Francia. Los caciques de la revolución: Prim, Topete y Serrano, iniciaron de inmediato la formación de un nuevo gobierno provisional. Reunidas las Cortes, se trazó la elaboración de una nueva Constitución que no gustó nada a los madrileños, pero declaraba abiertamente que España era una monarquía constitucional, por lo que Serrano se autonombró regente mientras que Prim fue denominado presidente del nuevo Consejo de Ministros.

Había que buscar, pues, rey para España y Prim y media docena de consejeros se pusieron manos a la obra. En aquel momento, Europa disponía de todo un batallón de príncipes sin trono, pero ninguno satisfacía a los buscadores. La primera opción era, lógicamente, el príncipe Alfonso, pero se descartó por dos motivos: primero, porque sólo contaba doce años y segundo, por ser de apellido Borbón, algo considerado maldito en un momento en que los políticos españoles acababan de jurar la exclusión perpetua de los Borbones. La siguiente tentativa era revisar la lista de la rama carlista, encabezada por don Carlos, nieto de Carlos María Isidro, pero también fue desechado. Otro nuevo candidato cuyo currículum se examinó fue el duque de Montpensier, hombre muy desprestigiado desde que había matado en duelo al infante Enrique, por lo que tampoco se aprobó.

Ya con urgencia y bastante desasosiego se le ofreció la Corona a Espartero, pero éste, inteligente caballero, la rechazó aduciendo su salud y su avanzada edad. El motivo auténtico es que aquella España era como un barril de pólvora que probablemente pronto haría volar la cabeza del elegido para reinar. Agotadas las posibilidades en España, se empezó a buscar por toda Europa para lo que debemos tener en cuenta la lentitud con que se realizaban las comunicaciones en aquellos tiempos más allá de las propias fronteras. Se negoció con Fernando de Sajonia Coburgo, primo de la reina Victoria de Inglaterra, pero éste vivía demasiado tranquilo y feliz en su palacio lisboeta como para inmiscuirse en los problemas de los españoles. En las primeras negociaciones exigió tan desorbitadas condiciones que hubo que rechazar tal posibilidad.

Luego se pensó en Leopoldo Hohenzollern, hermano de Carlos I de Rumanía, pero era incapaz de pronunciar una sola palabra en castellano.

El parecido de Letizia con otras reinas

Pasaba el tiempo y España continuaba sin rey por lo que, con las consabidas urgencias, se decidió llegar al fin a Amadeo de Saboya, duque de Acosta e hijo de Víctor Manuel II de Italia. Un *no* rotundo fue la contestación de este candidato a la propuesta de ser soberano y muchas y muy arduas fueron las negociaciones entre su padre y Prim para que finalmente accediera. El 13 de octubre de 1870, Amadeo de Saboya aceptaba la Corona y se convertía en rey de España.

Se trataba de un hombre relativamente apuesto, de facciones proporcionadas, frente despejada y ojos negros y grandes. Era un personaje galante y mujeriego, característica esta que había heredado de su padre y de su abuelo. El pueblo de Madrid pronto le acogió, aunque con asombro ante sus costumbres sencillas que contrastaban tremendamente con el boato y el absolutismo de los Borbones. Acostumbrados al despliegue de tantas medidas de seguridad y al numeroso personal de corte que permanentemente acompañaba a la reina Isabel II, los ciudadanos se quedaron boquiabiertos cuando vieron al rey Amadeo de Saboya pasear a pie por la Castellana. Y muchas veces se admiraban cuando salía a desayunar al Café Suizo y ponía sobre el mármol del velador las monedas; o cuando acudía con algún amigo al teatro, y salía a fumar en el vestíbulo durante los entreactos; o cuando charlaba animadamente con la gente a la puerta de palacio.

Amadeo llegó a España sin su esposa, por encontrarse convaleciente de su segundo parto y ser una mujer muy delicada. Ya en España y medianamente recuperada, su esposa, la reina María Victoria del Pozzo, hija de Manuel del Pozzo, príncipe della Cisterna, no tardó en enterarse de que Amadeo andaba de flor en flor con mujeres con las que mantenía relaciones breves.

Cuenta la historia que a este rey le encantaba tener relaciones sexuales con las esposas de los militares de baja graduación de su guardia y su mujer, durante su tercer embarazo, no dejaba de recibir noticias malintencionadas sobre la identidad de las mujeres con las que su esposo se acostaba cada noche.

Pero a Amadeo, después de tantas mujeres de una sola noche, al fin le llegó el verdadero amor que le enloqueciera. Fue precisamente Adela de Larra, hija de Mariano José de Larra, *Fígaro*, el autor que se había suicidado años atrás, durante una representación teatral. A partir de entonces y durante mucho tiempo, Adela de Larra fue su única querida, ya que cuando el rey enviudó, al fallecer la reina María Victoria con veintinueve años, mantuvo esta relación. Posteriormente, al casarse en segundas nupcias con Leticia Bonaparte, su sobrina, hija de su hermana Clotilde y del príncipe Napoleón Jerónimo, Adela de Larra seguía siendo su amante. Leticia llegó al matrimonio conociendo esta relación, pero ingenuamente pensó que podría acabar con ella. Se equivocó completamente y, según se contaba, llegó a obsesionarse de tal manera que en los cristales y espejos

91

Leticia escribía el nombre de su contrincante, Adela de Larra. Cuando al fin Amadeo de Saboya abandonó España para volver a su tierra, ella les siguió hasta Italia. Tanta era la pasión de los amantes como el odio enfermizo de la reina Leticia hacia la hija de Larra.

Los consejeros más próximos o las personas encargadas del protocolo del día de la pedida oficial, deberían haber indicado a Letizia Ortiz que su tocaya Leticia, la segunda esposa del rey de España Amadeo de Saboya, fue una mujer que padeció horriblemente el apellido de Larra, que estuvo a punto de volverse loca por el sufrimiento que le causó una amante que seguía a la pareja real a todas partes y a la que el dinero de Amadeo mantenía.

Temas históricos aparte, a nivel personal, y coincidiendo con los comentarios realizados por el maestro Antonio Gala ante los medios de comunicación, la obra que Letizia ha regalado al príncipe no vale absolutamente nada desde el punto de vista literario, pese a ser una extraordinaria encuadernación.

Victoria Eugenia como Letizia. Las innovadoras

Capítulos atrás hemos comentado cómo Letizia, al parecer por el simple error de trascripción del empleado del Registro Civil de Oviedo, de nacionalidad italiana, pasó a llamarse Letizia con *z* en lugar de con *c*, claro está que a la joven le debió de gustar esta forma de llamarse a la italiana, porque de lo contrario, habría sido algo que tarde o temprano se reflejara en el papel.

Pues bien, comprueben los lectores la similitud que se establece con la también elegantísima Victoria Eugenia de Battenberg, esposa del rey Alfonso XIII y última reina que vivió en nuestro Palacio de Oriente.

Era la segunda y única hija de los príncipes de Battenberg, Enrique y Beatriz, puesto que sus hermanos fueron todos varones: Alejandro, el mayor, Leopoldo y Mauricio. La que había de ser reina de España vino al mundo en el castillo de Balmoral, en Escocia, el 24 de octubre de 1887, y se le impusieron en la pila bautismal los nombres de Victoria, Eugenia, Julia y Ena; el primero, por su abuela la reina Victoria I de Inglaterra; el segundo por su madrina de pila, la emperatriz Eugenia de Montijo de origen español; el tercero por su abuela paterna, la que naciera como condesa Julia Hauke y para el cuarto nombre, Ena no se ha encontrado otra explicación plausible que la de una errata del encargado del registro de la familia real británica, pues habiéndose querido inscribirla como Eva, se convirtió la *v* en una *n*. El error hizo tanta gracia a sus padres y a su omnipotente abuela, que fue llamada Ena desde entonces por todos sus familiares.

Más tarde, su esposo el rey Alfonso XIII siempre la llamaría así y ella no admitiría otra denominación a nivel familiar que aquél que, fruto de un error de inscripción, llegó a ser el nombre que más le gustó.

93

El parecido de Letizia con otras reinas

Como ven, se trata de una curiosa coincidencia que no pasará desapercibida para la Historia.

Letizia posee un nivel cultural más alto que el que tuvieron otras reinas de España y habla con facilidad idiomas extranjeros como el inglés. Por su parte, la reina Victoria Eugenia estudió piano y hablaba alemár y francés, idiomas que dominaba con la misma facilidad que el inglés. Educada desde niña por su abuela, aprendió a tener una rígida disciplina y una entrega total al trabajo.

Mientras tanto, en 1902 un joven de 16 años es proclamado rey de España con el nombre de Alfonso XIII. En la primavera de 1905 logra salir ileso de un atentado al abandonar el Teatro de la Ópera de París, y se dispone a visitar Inglaterra. Desembarca en Portsmouth el 5 de junio y es recibido de inmediato por el príncipe de Gales quien le acompaña hasta Londres después de la comida.

Al día siguiente tenía lugar una gran cena de gala en el Buckingham Palace para ciento veinte personas. Entre ellas están todas las princesas casaderas que había en aquel momento en el Reino Unido, y una de ellas, hija de los duques de Cumberland, relata así el instante en que por primera vez se vieron Alfonso XIII y Victoria Eugenia: «Estábamos todas alineadas conforme a la etiqueta que tanto gustaba a nuestro tío. Al ver la fila de princesas, Alfonso la recorrió con una mirada alegre y juvenil, como cualquier buen mozo que inicia su vida con avidez. Al fijar su mirada en Ena, experimentó un auténtico sobresalto. Es la primera y única vez que he tenido oportunidad de conocer el flechazo, y en aquella noche puedo asegurar que realmente existió.»

El veterano periódico *ABC* que acababa de salir en aquella época a la calle, quiso despertar interés entre sus lectores realizando todos los días una encuesta de opinión sobre las posibles princesas candidatas a ser desposadas con el rey Alfonso XIII. Para ello, publicaba ocho grabados con el rostro de varias princesas y se pedía a los lectores que participaran. Además, se ofrecían dos premios a los concursantes que consistían en un abanico de nácar el primero, mientras que el segundo era una atractiva sombrilla para protegerse del sol.

El resultado de la encuesta coincidió exactamente con el deseo del rey y Victoria Eugenia alcanzó los 18.427 votos, seguida a corta distancia por Patricia de Connaught, con 13.719. En el último lugar, Wiltrude de Baviera con tan sólo 1.488 votos.

Cuando corría la opinión de que el príncipe Felipe podía estar interesado en Eva Sannum hasta el punto de llegar a contraer matrimonio con ella, varias de las revistas del corazón establecieron una especie de concurso similar al antiguo de *ABC*, tratando de buscar a la candidata más adecuada para el príncipe. En aquel momento e incluso después, nadie pensó que Letizia Ortiz habría de ser la ganadora de tan singular apuesta.

En el caso de Alfonso XIII, era de todos conocido que le causaba gran molestia tener que desayunar todas las

El parecido de Letizia con otras reinas

mañanas con el periódico que, obviando sus sentimientos, le ponía al dictado cuál debería ser su esposa. También es bien sabido que cien años después, al príncipe Felipe tampoco le agradaba desayunar con la prensa que aireaba sus relaciones amistosas o amorosas y mucho menos al principio, con la tan sufrida relación con Isabel Sartorius.

Retomando la historia de Ena, recordaremos que aquel famoso «flechazo» en un baile de princesas pretendientes terminó en la boda real de la que ya hemos hablado anteriormente, y que se vio salpicada por la sangre de las víctimas de la tragedia causada por un intento de asesinato. Añadiremos aquí que, además del banquete, el famoso baile de bodas también se suspendió y fue sustituido por una sencilla recepción en la que los jóvenes soberanos se limitaban a saludar a sus invitados y a conversar con ellos; muchos otros festejos programados también tuvieron que ser desplazados en señal de duelo.

La reina no debió de sentirse cómoda en el país que con tanta violencia la acogía y en el seno de un Madrid de costumbres rancias y anacrónicas, después de haber vivido en Londres y en París. Sin embargo, algo de semejanza hay también entre la actitud de la reina Victoria Eugenia y Letizia Ortiz, que llega a la Corona con una mentalidad moderna que ha hecho evidente desde el primer encuentro en la petición de mano. Su presencia puede suponer, en definitiva, una corriente de aire fresco en la monarquía, tal y como lo fue en su día la reina Victoria Eugenia.

Para escándalo del pueblo y por supuesto de la propia corte, dicha reina llegó a palacio fumando. Algo insólito en aquella época en una mujer de cualquier estamento social. Pero mucho más en una primera dama. La reina Victoria Eugenia fumaba cigarrillos en lugar de vegueros. Ena fue la primera dama que en España sacó en público de su bolso un cigarrillo y con un pequeño mechero de oro, lo encendió con la mayor naturalidad.

José Montero Alonso comentaba en una crónica: «En la calle aún hay gentes que se asustan al saber que fuma la reina y hasta Alfonso XIII llegó el eco de la murmuración, por lo cual el rey tuvo que indicar a su esposa que no volviera a fumar en público.»

Pensemos que la llegada de Letizia Ortiz puede producir en nuestros días el mismo impacto en la Corona que hace cien años produjera la llegada de la reina Victoria Eugenia. Un aire nuevo que la propia infanta Eulalia en sus memorias describía así: «La llegada de Ena fue como un florecer de juventud, gracia y sonrisas en la adusta Corte de Madrid; el régimen anterior de Palacio sufrió varias alteraciones y perdió su tradicional rigidez. Por muchos años, la Corte de España había sido la más triste y cerrada de Europa. La presencia de la nueva reina comenzó pronto a sentirse en palacio. Un soplo de mundanismo penetró en los vastos salones, ligereza de espíritu, feminidad, en suma. Desde que Ena llegó a España, ella fue la guía en la moda madrileña, y con sus usos se renovaron en nuestra tierra

El parecido de Letizia con otras reinas

hábitos y costumbres que nos mantenían en algunos aspectos a la cola de Europa.

»Sólo cuando, entre gestos de escándalo por parte de las viejas señoras, Victoria Eugenia y sus damas comenzaron a usar pinturas, volvió a la península la olvidada moda de los afeites. Fue también la reina la primera que se lanzó deportivamente a las playas con trajes de baño que parecían indecorosos por el solo hecho de mostrar una parte de las piernas.»

CAPÍTULO IX

DOÑA LETIZIA, PRINCESA DE ASTURIAS

El duro *oficio* de princesa de Asturias

Como no podía ser de otra forma, durante la historia las monarquías siempre estuvieron llenas de enemigos, de quienes sublevan a las masas contra el rey, de los conspiradores y de los que por conservar intacta la institución, son capaces de suprimir modernas reformas por el peligro que puedan suponer para la Corona.

Unos no tienen razón y otros sí. Tengamos en cuenta que tanto Iglesia como monarquía se rigen y viven desde siempre, gracias a mantener sus propios principios. Las innovaciones, los «saltos al vacío», como titulaba en su momento un periódico nacional, pueden resultar muy peligrosos. La llegada de Letizia Ortiz a la Corona no tiene precedentes y un sector conservador de la aristocracia ya ha empezado a expresar su discrepancia respecto a la boda.

Teresa Larraz, en *El Siglo*, ya denunciaba cómo Antonio Dávila, abogado del fallecido duque de Cádiz, ha enviado un comunicado a muchos medios en el cual, entre otras cosas, dice: «Letizia no podrá soportar mucho tiempo la jaula de oro en la que va a ser encerrada, ¿soportaría nuestra monarquía un escandaloso divorcio? Es evidente que no.»

El que ha sido asesor en cuestiones dinásticas de Luis Alfonso de Borbón opina que: «Este matrimonio hará vulgar, menos respetable y menos estimada a la monarquía.»

Por otro lado, Alfonso de Ceballos-Escalera, marqués de la Floresta, afirma que ciertos integrantes con nombres y apellidos de la Real Academia Matritense de Heráldica y Genealogía, están disconformes con este matrimonio que ha propuesto la Corona.

Como puede verse, este sector descontento próximo a la nobleza española será uno de los primeros que se tendrá que ganar Letizia Ortiz desde su puesto de trabajo como princesa de Asturias.

Otra de las obligaciones que se le presentan a la joven princesa es salvaguardar lo más que pueda la vida privada de su familia, ya que van a estar en el punto de mira de todos los objetivos y comentarios. El primero en ser controlado es su propio padre, Jesús Ortiz, que por cierto, ha sabido mantenerse hasta ahora dentro de una total discreción y continuar su ritmo de trabajo con normalidad.

Habiendo estudiado Derecho en la Universidad de Oviedo y Estudios de Radio y Televisión, se dedicó al periodismo que abandonó definitivamente en 1983 para centrarse en los negocios del mundo de la comunicación, arropado por la agenda y los contactos obtenidos durante su larga trayectoria profesional. Ha sido director de Antena 3 Radio en Asturias durante los años 1983 a 1987. Por aquel entonces se traslada a Madrid con Letizia y comienza a trabajar en Estudios de Comunicación, compañía de la que actualmente es consultor sénior. En el periodo 1999-2000 fue director de Antena Aragón, empresa de radio domiciliada en Zaragoza y controlada por los mismos accionistas de la citada agencia. Actualmente vive con su nueva pareja, Ana Togores, redactora jefe de *Escritura Pública*, la revista del Consejo General del Notariado, que tiene 39 años y es también separada y madre de una niña de siete. Desde hace más de tres años viven en una urbanización al norte de Madrid. Ambos se conocieron trabajando en el gabinete de prensa de Lalo Azcona y pretenden casarse a principios de año, acontecimiento que en el fondo crea una situación delicada para la futura princesa de Asturias: ¿será posible que pueda retrasarse la boda hasta después de la suya?, ¿sería conveniente que ella apareciera en las fotos de esta ceremonia civil tan cerca de la boda del siglo? Por último, si esta boda se llevara a cabo antes que la de los príncipes de Asturias, ¿qué lugar del protocolo tendría que ocupar la nueva esposa del padre de la novia durante la ceremonia de la catedral y el posterior banquete del Palacio Real? Tengamos en cuenta que el protocolo establece que la madre de la novia se sitúe siempre junto al Rey, mientras que el padre de la novia debe estar al lado de la Reina.

En el caso de que la pareja no quiera o no pueda retrasar su boda, los responsables del protocolo van a tener que echar humo porque son novedades que van llegando una tras otra a la Zarzuela y que, por supuesto, nunca estuvieron previstas.

Si bien en su momento ya comentamos que Letizia Ortiz, según el Real Decreto sobre tratamientos de la Familia Real de 6 de noviembre de 1987, después de la boda adquirirá todos los derechos de princesa de Asturias, hay que matizar que ese Decreto no dice expresamente que llevará título, sino que tendrá igual dignidad, que son conceptos muy distintos. Al convertirse la joven asturiana en esposa de don Felipe y pasar a ser princesa de Asturias, sería la única persona, salvo la Reina, que participara del título de su esposo. Dicha salvedad proviene de que la Constitución en su artículo 58 dice literalmente: «La Reina consorte o el consorte de la Reina no podrán asumir funciones constitucionales salvo lo dispuesto para la Regencia.» Lo que significa que reconoce como reina a la consorte del rey.

Las diferencias de criterio provienen de las últimas reformas del Código Civil que suprimieron el artículo 64 del vigente hasta el año 1981, que establecía que «el marido y la mujer gozarán de los honores de su consorte». Otra lectura diferente que puede hacerse es que Letizia pueda llegar a ser princesa de Asturias por concesión real.

En este último caso nos podemos acoger al artículo tercero de aquel Decreto que textualmente dice: «Los hijos del Príncipe de Asturias serán infantes de España y recibirán el tratamiento de Alteza Real, pero sus consortes, mientras lo sean o permanezcan viudos, tendrán el tratamiento y honores que el Rey, por vía de gracia, les quiera conceder.»

Todo parece indicar que la salud de nuestra Corona es excelente. Que esta boda va a marcar un punto de inflexión en nuestra historia de cara al futuro. La monarquía no tendría sentido si las personas que la encarnasen no gozaran del respeto de los ciudadanos, como pasó tiempo atrás obligando a los monarcas a tener que hacer sus maletas precipitadamente. La monarquía española está viva, y no padece del tifus de otras monarquías europeas en el día de hoy. Respecto a la monarquía inglesa, por ejemplo, cada jornada son más frecuentes las voces conservadoras que se alzan indignadas contra el escándalo continuado que provocan sus representantes.

Una historia de hace más de seis siglos

Asómbrese el lector de cuál fue el año en que se nombró por primera vez princesa de Asturias a una dama en España: nada más y nada menos que 1388, con lo que hace 616 años que existe este insigne y nobilísimo título. Su creador fue el rey Juan I de Castilla y los primeros beneficiarios su hijo Enrique y su esposa la princesa Catalina de Lancaster. Eran épocas de guerras crueles y epopeyas insignes. Los reinos sólo tenían la finalidad de agrandar sus dimensiones geográficas y enriquecerse con el oro y los tesoros arrebatados al enemigo.

Fue en el otoño del año 1350 cuando el ejército castellano, que tenía sitiada la ciudad de Gibraltar, logra tomar la ciudad después de una impresionante batalla que dejó el campo y la propia ciudad sembrados de cadáveres de musulmanes. Pero las guerras de la época tenían que hacer frente a un enemigo mucho más feroz que las propias armas bélicas: las enfermedades que contraían los mismos guerreros, dejando muchas veces diezmados los ejércitos por el hambre, la suciedad y las infecciones. Por eso todos quedaron aterrados cuando en el bando cristiano se declaró la peste, probablemente motivada por la inmundicia, la suciedad y la abundancia de cadáveres ya infectados por este mal.

Pronto se hizo público, incluso, que la peste había alcanzado al propio rey Alfonso XI, denominado *El justiciero*, que poco después murió en medio de espantosos dolores y de continuos vómitos. El problema comenzó con las disputas entre los hijos del rey. Éste había dejado como heredero a su primogénito, el príncipe Pedro, pero había otros hermanos naturales, nacidos de las largas relaciones que el rey había mantenido con su amante oficial, doña Leonor de Guzmán, que también hacían valer sus derechos como herederos de la Corona. Y es que, después de echar un vistazo a la Historia de España, es impresionante constatar la infinidad de problemas sucesorios que se han originado precisamente por la frecuente existencia de hijos bastardos en las familias reinantes. Como si el encumbramiento real favoreciera la vida de amancebamiento. En el caso de Pedro I, a pesar de todas las zancadillas de sus hermanos, pudo ser finalmente nombrado rey.

Desgraciadamente, también él, durante los quince años que duró su reinado, no dejó de tener infinidad de concubinas para desesperación de su esposa la reina. Hasta que apareció en la vida del soberano una joven de pequeña estatura y como se decía en su época, *de gentil hechura*, que le enloquece de amor por la fuerza y el don natural que poseía. Su nombre era María de Padilla y fue amante del rey hasta el día de su muerte. La historia dice que María fue reina de hecho aunque no lo fuera de derecho. Procedía de una modesta familia trabajadora y con pocos posibles económicos que consiguió todo lo que necesitaba gracias a la influencia de María. A lo largo de los diez largos años que duró la relación, la familia Padilla escaló todos los escalafones sociales hasta conseguir hacerse con un importante capital para desesperación del pueblo, que se encontraba cada vez más asfixiado por los impuestos que exigía el propio monarca. Curiosamente la amante del rey falleció en 1361, el mismo año y mes que moría la esposa y reina doña Blanca.

Pedro I había hecho de su reinado un auténtico dominio propio y había cambiado cuantas leyes quería sólo para su propia conveniencia. Incluso, llegó a proclamar a la muerte de su amante que se había casado con ella poco antes del óbito y que, por tanto, los cuatro hijos bastardos que habían tenido pasaban a estar completamente legitimados. Su auténtica esposa, doña Blanca, no daba crédito a esta locura, pero el pueblo calló y todo se zanjó con la famosa frase de «palabra de rey».

El 23 de marzo de 1369 el rey Pedro I murió asesinado en la ciudad de Montiel, por don Enrique de Trastámara, hijo natural de Alfonso XI. Además, Constanza, la tercera hija natural de Pedro I y de su amante María de Padilla, se había casado con Juan de Gante, duque de Lancaster e hijo del rey británico Eduardo III, que estuvo tratando de recuperar para su esposa y para su propio beneficio la corona de Castilla y León hasta que falleció el rey Enrique II en 1379, sin haberlo cedido.

Éste es el momento en que Juan I, hijo de Enrique II, ideó al fin la estrategia que reconciliara a los dos bandos que se disputaban la corona de Castilla y León: proponer un matrimonio entre Enrique, su primogénito y Catalina, la primogénita de doña Constanza. La propuesta de boda fue aceptada aunque contaba con el inconveniente de que el desposado tuviera sólo diez años y su novia catorce, pero el 17 de noviembre de 1388 se celebró la fastuosa ceremonia en la catedral de Palencia, con la alegría y la algarabía

La boda del siglo

del pueblo que salió a las calles para felicitar a los nuevos esposos. Aquella boda inteligente obligaba a que los duques de Lancaster renunciaran a sus derechos dinásticos en favor de los herederos fruto del matrimonio entre su hija Catalina y el futuro Enrique III, al tiempo que se creó y otorgó el título de príncipe y princesa de Asturias, como compensación para los jóvenes esposos. Otra de las considerables ventajas que se derivó de la concesión del título fue la de que Asturias quedaba convertida en tierra de reyes y por lo tanto, excluida para siempre de la posibilidad de que formara parte de dotes matrimoniales posteriores.

De esta manera Catalina de Lancaster se convertía en la primera princesa de Asturias en el año 1388. Curiosamente y en punto completamente antagónico con Letizia Ortiz, la primera princesa de Asturias fue una mujer con el cuerpo excesivamente abultado ya que se abandonó por completo a los placeres de la comida y la bebida por lo que andaba con gran torpeza por el palacio. Falleció a los 44 años el día 1 de junio de 1418.

CAPÍTULO X

LA PERSONALIDAD DE LETIZIA

Un carácter fuerte

La verdad es que la futura reina de España también tiene detractores entre algunos de sus antiguos compañeros de trabajo. Envidias aparte, lo que sí es cierto es que casi todas las personas que han tratado con ella hablan de su fuerte personalidad y de su fría e implacable profesionalidad. Unos le pusieron el apodo de *Letizia la ficticia* mientras que otros dicen de ella que, a la hora de trabajar, «es como una máquina». Algunos ex compañeros de la CNN+ aseguran, en favor suyo, que es tan perfeccionista que serviría para ser contratada por un departamento de control de calidad: «para ese puesto no tenía precio, porque no se fía de nadie y quiere dominar y terminar todo lo que empieza; era realmente inagotable y para más *inri*, siempre se la veía fresca y con ganas de comenzar de nuevo aunque llevara seis horas seguidas dentro de un reportaje». Los calificativos en los que coinciden casi todos se incluyen dentro de esta paleta de tonos: meticulosa, nerviosa, agobiante, fría, perfeccionista, egocéntrica, inquietante, vanidosa, altiva y antipática.

Durante el tiempo que trabajó en la CNN+, según sus colaboradores, Letizia no estuvo demasiado bien vista por sus jefes, hasta el punto de que le designaron un trabajo dentro de las consideradas *horas de castigo*. Se tenía que levantar a las 2.30 de la madrugada para desplazarse en taxi desde su domicilio en la barriada de Rivas Vaciamadrid, hasta los estudios de televisión.

Llegó a ser tan habitual en ella el uso de los taxis por motivos profesionales, que en los días posteriores a la pedida oficial, hubo muchos de ellos que recordaban haberla llevado y colocaron en alguna de las ventanillas o en el cristal de la parte posterior, carteles realizados en ordenador con el texto de: «Aquí ha viajado la princesa de Asturias»; e, incluso, uno más bromista paseaba por Madrid con el rótulo de «Taxista proveedor de la Casa Real».

Es muy frecuente encontrarse con ex compañeros no sólo en la cadena privada sino en Televisión Española que la juzgan con dureza de ambiciosa. «Letizia era imparable para llegar a un alto estatus profesional y sabía meterse con facilidad en los más selectos círculos periodísticos a finales de los noventa.»

Son muchos los que aseguran que se comportaba profesionalmente con un especial dominio de la situación: «Daba la sensación de que había sido ella la que inventara la televisión.»

Sus compañeros de los Informativos de Televisión Española se dieron cuenta de que Letizia tenía un novio nuevo justo al regreso de su trabajo como enviada especial en la guerra de Irak, bueno, mejor dicho, del conflicto de Irak, ya que su intervención fue posterior. Parece ser que reflejaba un estado de ánimo diferente, «resultaba más accesible y más cómoda aquellos días». Aunque todos coinciden que no soltó nunca prenda de con quién estaba saliendo y cuando se refería a su nueva pareja sólo lo hacía refiriéndose a «mi chico».

El personal de servicio del Palacio de la Zarzuela, siempre se manifestó aduciendo los tan diferentes caracteres que existían entre las dos infantas Elena y Cristina, la primera de fuerte personalidad y difícil de llevar; ahora debe estar temiendo que la llegada de la nueva inquilina les duplique esta situación complicada.

Para conocer mejor el carácter de una persona a la que no se tiene fácil acceso, el mejor método es recurrir al estudio de su carta astral, que casi siempre dibuja con precisión cómo es, hacia dónde va y con qué trabas se puede encontrar en su camino. Es un método que fue desprestigiado durante mucho tiempo pero que últimamente se ha vuelto a poner de moda. Curiosamente, el escritor Francisco

Umbral, en su columna diaria de *El Mundo* conocida como *Los placeres y los días*, titulaba así su colaboración del día 19 de noviembre de 2003: «Cartas astrales.» En ella hace referencia al horóscopo de Letizia y concluye que, como Virgo que es, se caracteriza por ser exigente y nerviosa y por tener especial aversión a los jefes. Respecto a las previsiones de futuro aventuraba la posibilidad de tres hijos, aunque sobre este último dato las cartas no son tan claras. Para terminar el comentario sobre esta genial columna de Umbral, les diré que literalmente asegura: «La conjunción Mercurio-Marte le produce una gran tensión interna, pero eso se quita con aspirina. También es de ideas fijas, como él, y ahí es donde van a empezar a volar los platos y otras vajillas borbónicas.» Ciertamente, según el perfil que la carta astral muestra de los dos esposos, las cosas se les van a poner muy difíciles.

«Es capaz de tener un hijo de su amante sin preocuparse del matrimonio»

Para poder incluir en este libro un comentario sobre la personalidad de Letizia Ortiz, he recurrido a uno de los mejores especialistas en la materia que actualmente existen en España. Se trata de Mestre Diego, presidente de la Asociación de Tarotistas, Grafólogos y Quirománticos de Brasil a quien he facilitado los datos claves para este estudio, tales como la fecha y hora en que se produjo el nacimiento de la futura reina de España: 15 de septiembre de 1972 a las 18.30 en la ciudad de Oviedo. Según dicho especialista, la mujer nacida bajo el signo de Virgo, en general, no es —como casi todo el mundo se imagina— una doncella sumisa, dulce y virginal. Éstos son estereotipos que no tienen nada que ver con la verdadera mujer Virgo. Más bien, por el contrario, se dice de ella que es capaz de dejar a su marido por un hombre al que conozca en algún remoto lugar, o incluso llegar a tener un hijo ajeno a su matrimonio y enfrentar la situación con orgullo y altivez. Y es que, a pesar de su apariencia de ninfa frágil y femenina, lo que esconde en su cabeza es un perfecto ordenador, y en su corazón de acero inoxidable el frío hielo que solamente se caldea cuando se dedica a lo que más le gusta: el desarrollo creativo y profesional.

El elemento tierra y el tener como regente a Mercurio, hacen que la mujer Virgo sea de naturaleza tímida y reservada, y no servirá para organizar un mitin en una plaza subida en un escenario por puro amor al público. Hablando de escenarios, jamás se podrá encontrar una chica Virgo mostrando en público sus encantos femeninos como actriz porno. Al revés, elegante por naturaleza, se guardará siempre mucho de su vestir y de cómo mostrarse.

Exigente consigo misma hasta el límite, la mujer Virgo acepta exclusivamente lo mejor y no se conforma nunca con menos. Si por un momento de debilidad se hubiera entregado a alguien que en definitiva no esté a su altura,

La personalidad de Letizia

reaccionará cortando la relación de la forma más limpia y tajante y emprenderá de nuevo otra vida.

Es, por otra parte, cuidadosa, sensata y organizada hasta límites increíbles. Controladora y con gran facilidad de previsión, es capaz de sobrevivir en una isla desierta repleta de caimanes, aguas movedizas y tormentas tropicales. ¿Quién se pensaba que la mujer Virgo era como la doncellita del cántaro con que se representa en el horóscopo?

Pero no todo son malas noticias respecto a las características de la mujer Virgo. El vizconde de Jorbalán, gran estudioso de los designios de los astros, asegura que las mujeres Virgo, regidas bajo la influencia de Vulcano, son emprendedoras y decididas. Cuando se fijan una meta, luchan por ella con tesón y empeño. Son pertinaces, muy trabajadoras, y están dispuestas a sacrificar sus momentos de ocio y diversión en aras del cumplimiento de su trabajo.

Las jóvenes de su signo suelen ser fastidiosamente meticulosas, tanto en las cosas importantes como en las nimiedades, pero también son personas de una generosidad abrumadora; son afectuosas y de espíritu noble. Su carácter combina el sentido de la eficacia —el rigor, el orden, la eficiencia— con un gran corazón, lo que le permite profesar un amor puro y leal, alejado de la volubilidad que aqueja a tantos otros signos del zodíaco.

Los astros ponen en evidencia que su carácter es firme, y esa firmeza la convierte en una mujer muy práctica a la hora de tomar decisiones. Si se enamora, como en efec-

La boda del siglo

to ha sucedido, nunca mirará hacia atrás. Todos los vínculos amorosos del pasado quedarán enterrados para siempre.
De ahí que las historias de otros tiempos, su previo enlace
por lo civil, sus devaneos amorosos sin trascendencia, no
volverán a rondar su memoria. Letizia sabe cortar los vínculos molestos y su espíritu no está poblado de fantasmas
ni de remordimientos. Es una mujer que sabe mirar hacia
delante.

Por su fecha de nacimiento, Letizia es una persona
que detesta tanto la hipocresía como los falsos halagos.
Menos mal que en nuestros tiempos no existen las cortes y
camarillas de aduladores, a quienes la futura princesa de
Asturias no hubiera podido soportar.

Y es por esto que Letizia Ortiz asumirá sus dos
roles —el de princesa de Asturias primero y el de reina de
España después— con seriedad y gran sentido de compromiso. Concisa, práctica y, gracias a su meticulosidad, capaz
de detectar el más pequeño error, con el tiempo será una
perfecta representante de la Corona. Su sentido de la pulcritud, su perfeccionismo, sus impecables modales y la natural gracia y seguridad que posee, harán que no se sienta
extraña en palacio en ningún momento.

Porque uno de los rasgos que mejor definen a las
mujeres nacidas bajo el signo de Virgo, y en especial a Letizia Ortiz, es su talento natural para ser una excelente anfi-
triona. Sabe intuitivamente cómo complacer. Disfruta al
ayudar a los demás, y trabaja duro bajo cualquier circuns-

tancia. Manejará sus recursos con enorme habilidad y sabe gastar con cuidado, sabiamente.

Tampoco podemos olvidar una de sus características más halagadoras. Letizia es una mujer que no podría vivir por fuera de un entorno cultural. Admira la literatura —no olvidemos que su primera pareja fue un escritor— y es una lectora inteligente y apasionada. Por otra parte, las Bellas Artes y su gran sentido estético de la vida, marcan su relación con el entorno. Adora el ballet, gracias a su pasión por los movimientos elegantes y delicados, perfectamente medidos; siente gran inclinación por la música, y sabrá disfrutar de los innumerables conciertos a los que tendrá que asistir.

Si su pareja, en este caso el príncipe Felipe, sabe adaptarse y vivir cerca de la cultura; si sabe leer y amar la ópera, si sabe apreciar la belleza de una magnífica obra de arte, tiene en Letizia Ortiz una pareja para la eternidad.

Pero a todo esto añadamos la información que se desprende de la fecha y hora de nacimiento de Letizia Ortiz: parece ser que necesitará hacer deporte —un deporte controlado, más de método y gimnasio que de afición y fuerza física— y que sus comidas deberán ser controladas por algún tipo de dieta sana, con especial inclinación por la vegetariana o, en todo caso, la mediterránea.

Ahora bien, cuidado, mucho cuidado con llevar la contraria a una mujer Virgo. Su propio marido deberá tener siempre presente que el verdadero regente de Virgo es el distante Vulcano, dios del trueno. Si en algún momento ella considera que ha sido burlada en su matrimonio, o descubriera o solamente sospechara un acto de infidelidad, no vacilará ni un instante en romper con todos los vínculos por muy fuertes o públicos que fueran. Y lo hará tranquila y pausadamente, con la calma y la limpieza de un cirujano, pero con la frialdad y la falta de piedad de un cuchillo, porque si hay algo que una Virgo no admite es que un cobarde le suplique perdón o le ruegue una segunda oportunidad.

A pesar de todo esto, a la hora de elegir la pareja definitiva para su vida es prácticamente imposible que se equivoque, salvo por presiones urgentes o eclipses momentáneos. Su cuidadoso proceso de selección garantiza un altísimo índice de aciertos en sus elecciones amorosas. Virgo es la única mujer del Zodíaco que puede ser absolutamente práctica y divinamente romántica al mismo tiempo. En situaciones difíciles se angustiará y llorará en el hombro de los demás, pero esto no hará que se replantee su conducta, sobre todo en cuanto a lo profesional, según se deduce del firme sentido práctico que le da a Virgo el elemento tierra, unido a la orientación hacia lo ideal de Mercurio.

Por otro lado debe tener cuidado con su forma de ser perfeccionista —que no significa perfecta—, porque puede llegar a autoconvencerse de que nadie en el mundo hace las cosas tan meticulosamente, con tanto orden y tan eficazmente como ella.

La personalidad de Letizia

Otro rasgo propio de una Virgo y que su esposo deberá aceptar con tranquilidad es su limpieza y su pulcritud excesivas: no es nada raro encontrarse a una de las nacidas bajo este signo vaciando los ceniceros hasta tres o cuatro veces durante la velada en una reunión de amigos. Por cierto, a ella casi nunca se la verá fumando.

Será estrictísima en cuanto a su puntualidad, rasgo muy plausible para alguien que representará a España como miembro de la Casa Real. También le costará admitir los errores y en orden a un interés superior, no tendrá inconveniente en puntualizar a su consorte aun en público, como hizo Letizia con el príncipe el día de la petición de mano delante de más de trescientos periodistas, cuando hubo de pedirle: «Déjame terminar.»

Su sentido crítico es excelente y vale la pena dejarse aconsejar por ella a la hora de buscar un libro, ver una película o acudir al teatro, aficiones que a Letizia Ortiz le encantan.

El desarrollo de su intelecto y su gusto artístico combinados explican la agudeza de su percepción. Para Virgo, la maternidad no es algo fundamental: normalmente trata de retrasarla lo más posible y nunca suele desear más de uno o dos hijos. Según esto, el comentario del príncipe Felipe sobre el número de hijos que les gustaría tener pudo sonarle algo excesivo a Letizia o quizá simplemente se trataba de un detalle que la pareja aún no había tratado.

Otros Virgos célebres

Letizia Ortiz comparte su signo de nacimiento con una espléndida nómina de personajes notables. Si pensamos en sus dos cualidades más destacables, la inteligencia y la belleza, veremos que los astros no dejan tanto al azar como mucha gente cree.

Basta con nombrar a algunos de los rostros inmortales de la historia del cine para corroborar que la belleza es un atributo común a las mujeres Virgo: Sofía Loren, Lauren Bacall, Greta Garbo, Raquel Welch, Ingrid Bergman y Cameron Díaz, por nombrar sólo unas pocas, nacieron todas bajo el signo de Virgo.

Y si pensamos en su inteligencia y en su pasión por la literatura, la nómina de Virgos famosos también es desconcertante: escritores de la talla de Cesare Pavese, O Henry, D.H Lawrence, Tostoi y Goethe; George Bataille, Arthur Koestler, Guillaume Apollinaire y Agatha Christie son sólo algunos de los nacidos bajo el signo de Mercurio, que comparten mes de nacimiento con la futura princesa.

Por último, no podemos olvidar que en su signo la acompañan innumerables reyes y reinas de gran relevancia. Entre las reinas más destacadas podemos nombrar a la reina Isabel I de Inglaterra y a la reina Guillermina de los Países Bajos; entre los reyes que ejercieron el poder de forma decidida, a Luis XIV, el rey Sol, e Iván el Terrible; por últi-

La personalidad de Letizia

mo, comparten el signo de Virgo con Letizia, el príncipe Alberto de Mónaco y el rey Chulalonghorn de Siam.

«Volarán las vajillas borbónicas»

En cuanto al análisis de su personalidad, sólo nos resta incluir un apunte referido al estudio grafológico, esto es, determinar la forma de ser de una persona por los trazos de su escritura.

Lo primero que salta a la vista es que la futura princesa de Asturias sabe defender su intimidad a capa y espada y, por supuesto, no revelará ni a los más íntimos —incluida familia y amigas—, sus secretos. Esto se deduce de que, a la hora de firmar, escribe su nombre sobre una línea horizontal ligeramente inclinada hacia arriba en el lateral derecho.

Se puede apreciar también la firmeza de su carácter y su determinación por la intensidad de su escritura y por la dirección ascendente de cada una de las letras.

De ideas muy claras, sabe con exactitud lo que le conviene y camina hacia ello con resolución imparable. Es una mujer de grandes ambiciones que es capaz de vencer las dificultades por sí sola sin necesitar ayuda, según se observa por el trazo completamente cerrado de las letras *L* del nombre y *O* del apellido.

Es como si esta joven no quisiera que nada se le escapase, como si necesitara tener el control sobre todo lo que ocurre en su entorno. Perfeccionista al máximo, actuará con dureza contra los que tienen posiciones de indolencia o despreocupación que, por supuesto, serán rechazados de su entorno, sobre todo en el ámbito profesional. Hay una notable fuerza erótica en su escritura, lo cual denota que precisa de unas relaciones sin las cuales su carácter cambiará hasta el punto de poder ser completamente irascible.

Por último, creo que es muy interesante añadir el estudio grafológico de la firma de don Felipe de Borbón, príncipe de Asturias desde su nacimiento.

Se trata de una firma limpia, acorde con una personalidad dominante que de alguna forma se ha visto constreñida en algunos momentos de su vida.

La primera letra, la *F*, de trazo muy firme, está inclinada hacia arriba por la derecha y cubierta por una línea que ampara todo su nombre como si se tratara de un techado. Este detalle revela que su autor posee simpatía, talento, y un enorme don de gentes.

La escritura excesivamente inclinada refleja grandes dosis de optimismo y espontaneidad. La rúbrica enlaza con el final de la última letra *e* de su nombre, lo que muestra algo clave para la persona del príncipe: toda su firma queda encuadrada dentro de una vía de dos líneas paralelas abiertas sólo por el extremo derecho, como si se tratara de un sendero muy marcado sobre el que se sitúa el nombre, y con él la persona, de Felipe, como si fueran imprescindibles esas guías del camino, como si tuviera la preocupación constante de que un giro involuntario en su vida fuera capaz de sacarlo de la vía tan claramente trazada. Compruébese que el punto de la letra *i* está muy separado de la línea de escritura, lo cual tiene que ver con los grandes ideales y un enorme deseo de volar.

Respecto a la parte baja de su firma en la que escribe el título de príncipe de Asturias podemos observar que la letra *t* denota un rasgo concreto de su carácter. El trazo corto de la letra *t* está situado hacia el lateral derecho de la misma sin llegar a cruzarla, además de tener un final afilado como una espada. Este detalle denota un genio vivo del que conviene guardarse y que será mejor no contradecir. Recuérdese que en el estudio grafológico de su prometida se había detectado algún rasgo de carácter semejante. Como apuntaba Francisco Umbral en su citada columna, «puede que vuelen algunos platos e incluso alguna vajilla borbónica por los aires».

La boda del siglo

El año en que nació Letizia

Sin lugar a dudas, el año de nuestro nacimiento deja una marca indeleble tanto en nuestra personalidad como en nuestro destino. 1972, el año del nacimiento de Letizia Ortiz fue uno de esos años fascinantes que quedarán grabados para siempre en la historia de la humanidad.

Comencemos por recordar el ámbito de la monarquía. Aquel año fue el enlace de Su Alteza Real don Alfonso de Borbón y Dampierre con María del Carmen Martínez Bordiú; y aquel mismo año murió, en su casa en París, el duque de Windsor a los 77 años. No podemos olvidar que el duque de Windor protagonizó uno de los más sonados escándalos de su época, cuando, tras acceder al trono bajo el nombre de Eduardo VIII, abdicó para casarse con la norteamericana Wally Simpson, una mujer divorciada, que según los convencionalismos de la época no podía ser consorte del rey de Inglaterra. Sin lugar a dudas, este hecho no deja de ser una irónica vuelta de tuerca del destino.

En lo que respecta a la política internacional, hay que definir ese año como excepcionalmente estratégico, ya que fue un año de una intensa actividad diplomática que ayudó a crear un clima poco habitual de distensión y negociación: Nixon viajó a Pekín veintidós años después de que los comunistas se instalaran en el poder.

La personalidad de Letizia

1972 se denominó el Año Internacional del Libro, con un lema —un libro para cada ser humano— y un decálogo, en defensa del derecho a la lectura y los libros, que seguramente Letizia habría hecho suyo en su tiernísima infancia.

CAPÍTULO XI

EL ESPLENDOR DE LAS BODAS REALES

El lujo y boato de los matrimonios de la monarquía

Los tiempos van cambiando a un ritmo vertiginoso y una institución como la matrimonial no puede mantenerse al margen. Prueba de ello es que a comienzos de los años setenta en España había empezado a disminuir lentamente el número de matrimonios que se casaban por la Iglesia; durante los años ochenta se estabilizaron las cifras hasta la mitad de la década de los noventa, en que han vuelto a bajar vertiginosamente hasta entrar en el año 2000, momento en que vuelven a estabilizarse las estadísticas. En cuanto al porcentaje de edades de los contrayentes, los números también sorprenden: los españoles se casan cada vez más mayores.

Si pretendemos encontrar alguna causa que justifique esta tendencia, hay dos incuestionables, aunque haya que añadir algunas más: en primer lugar, el problema de la vivienda que abarca a toda España sin que se salve ninguna comunidad autónoma; en segundo puesto los altos índices de inestabilidad laboral. Por supuesto no han sido ninguna de estas cuestiones las que han interferido en la lenta decisión del príncipe de Asturias para llegar a contraer matrimonio tan tarde, puesto que ya tiene 36 años, otras preocupaciones y perspectivas son las que aquejan a un heredero de la Corona a la hora de fijar la fecha de su matrimonio. Cuando nos referimos a que don Felipe ha tardado mucho en casarse, lo hacemos por comparación con sus predecesores: su padre el Rey lo hizo a los veinticuatro años; su abuelo Don Juan de Borbón, a los veintidós; su bisabuelo Alfonso XIII, a los veinte y su tatarabuelo Alfonso XII, a los veintiuno.

Esta tardanza era algo que traía de cabeza a los monárquicos por el peligro que supone de cara a la descendencia, aunque no faltaban las propuestas sucesorias un tanto malintencionadas tales como la que publicó un aristócrata en un diario nacional en el que se puede leer que «si el príncipe no tiene descendencia, buscamos un presentador de televisión y le colocamos la corona». La verdad es que comentarios de este estilo demuestran el descontento que se percibe en un determinado sector de la aristocracia española ante la noticia de la incorporación de Letizia Ortiz a la Corona. Esperemos, siendo positivos, que pronto pasen estos vientos agoreros.

En cuanto al estudio de la sociedad española con que iniciamos este capítulo, debe ser completado con las encuestas realizadas por el Centro de Investigaciones Sociológicas, quien asegura que la mayoría de los matrimonios en España están motivados por una o varias de las razones que exponemos: la protección de los hijos en el futuro, las creencias religiosas o las presiones familiares. Un 51 por ciento de los españoles sigue creyendo que casarse por la Iglesia es la mejor forma de convivencia y sólo un 21,2 por ciento piensa que vivir en pareja sin estar casado es «moralmente inaceptable». A pesar del polémico *Club de la castidad* que se creó años atrás en Granada, la virginidad sigue siendo considerada como un valor en baja y los últimos estudios realizados entre la juventud demuestran que los jóvenes, tanto chicas como chicos, están a favor de las relaciones prematrimoniales.

Otro de los asuntos que a veces retrasan la fecha de una boda es el tema económico, y es que en España, dichas celebraciones han pasado de ser caras a tener precios exorbitantes. Casarse en una capital como Madrid, por ejemplo, supone a día de hoy contar con alrededor del millón y medio de pesetas (9.000 euros aproximadamente) y no estamos hablando de grandes excesos.

En cuanto a las bodas reales en España, en las que el coste se reparte entre la asignación presupuestaria de la que dispone la Casa Real y los Presupuestos Generales del Estado, las cifras son realmente millonarias, sobre todo si tene-

El esplendor de las bodas reales

mos en cuenta que en una boda como la del príncipe va a ser preciso reformar en gran parte el centro de la ciudad, lo que ya se inició hace años cuando se realizaron las obras de la plaza de Oriente, para evitar que los vehículos cruzaran la calzada. A todo esto, habrá que añadir las últimas mejoras a la catedral que desde tiempo atrás está preparándose para esta boda.

Otra de las partidas más cuantiosas será la destinada a los gastos derivados del enorme dispositivo de seguridad que deberá desplegarse ante la gran afluencia de altas personalidades de las casas reales europeas, de presidentes de gobierno y en definitiva de políticos internacionales que visitarán la capital de España durante esos días.

Se llevaron los cubiertos

Todos los detalles relativos a la celebración de la *boda del siglo* aún se mantienen en el más absoluto de los secretos, pero si tomamos como referencia la de la primogénita de los Reyes, podemos admirarnos de que sólo el banquete nupcial costara por encima de los 22 millones de pesetas. El menú que se sirvió fue el siguiente:

Tras un cóctel de pie, en salón aparte, se pasó al comedor preparado con mesas de seis, ocho y diez comensales. Primero se sirvió lubina del Cantábrico con frutas y almendras; en segundo lugar, perdiz roja española en salsa castellana; para terminar con un postre de crema helada de café con almendras y salsa de caramelo además de la esperada tarta nupcial.

El almuerzo fue regado con caldos de Jerez, blancos de Rueda, tintos de Rioja y cava catalán.

Los centros de flores que adornaban cada mesa hacían juego con el tono de los manteles y éstos a su vez con los tapices que cubrían las paredes. El almuerzo fue servido en vajillas de la Cartuja de Sevilla. Estaban formadas por diez mil piezas de excelente porcelana blanca adornada con franja azul, el color borbónico, y una orla dorada. En cada uno de los platos aparecía el escudo de su Majestad el Rey.

La cristalería estaba compuesta de seis copas por comensal: para el agua, el vino tinto, el vino blanco, el jerez, el licor y el cava.

Los cubiertos, grabados con la corona real y las iniciales de los esposos, dieron lugar a la famosa anécdota que luego tanto se comentó porque desaparecieron prácticamente todos, puesto que los invitados decidieron llevárselos como recuerdo de haber asistido a una boda de la Familia Real. Lo más curioso es que esto ocurrió primero en Sevilla, en la boda de la infanta Elena, con lo que un periodista, experto conocedor del protocolo y de los temas monárquicos, publicó en un titular: «Esto sólo pasa en el Sur.» Pero cuando volvió a suceder lo mismo más tarde en Barcelona, tuvo que pedir disculpas.

El esplendor de las bodas reales

Y es que, en realidad, este hecho no es tan insólito como se puede pensar en un primer momento. Hoy día, lo verdaderamente insólito es poder asistir a una boda de esas características en nuestro tiempo. Debe ser ésta la razón que explica que una anécdota de este estilo no sea un caso aislado. Fuera de España, al menos en una ocasión ha ocurrido lo mismo. Me refiero a la mítica boda de Lady Di, en la que no quedó sobre la real mesa británica ni una cucharilla. Y lo más sorprendente fue que en un reportaje realizado por un periódico inglés con motivo de la trágica muerte de la princesa, se hablaba del precio desorbitado que habían adquirido en aquellos momentos las famosas cucharillas de entonces, consideradas ya como elemento de antigüedad histórica o coleccionismo: las cifras hablaban de 25.000 pesetas cada cuchara.

Es más, la costumbre de llevarse algún recuerdo de este estilo en una boda real ya se inició con el banquete nupcial de Alfonso XII, celebrado para más señas, en el mismo salón del Palacio de Oriente donde se prevé que se celebre el del príncipe. En este caso, sí que se trataba de una ocasión única, ya que el protocolo de la época y la abigarrada tradición monárquica, obligaba, por ejemplo, a tener los cubiertos y el bajoplato de plata maciza, y puesto que los cubiertos eran doce, se calcula casi medio kilo de plata por invitado. Si hoy se conservara alguna de aquellas cucharillas que fueron sustraídas como recuerdo desde luego que alcanzarían un precio astronómico debido a la rareza y curiosidad de aquella cubertería.

La verdad es que intentar evitar casos de este estilo es algo imposible, porque, entre otras cosas, el protocolo tampoco permitiría que se instalaran detectores de metal como suelen tener los bancos e incluso, los centros comerciales a la entrada y salida de los lugares donde tenga lugar la celebración.

Enlazando con el lujo y boato de las bodas reales, me viene a la memoria una de las de mayor grandeza celebradas en España. Y hablo de grandeza en ambos sentidos: en cuanto a la categoría social de los contrayentes y en cuanto al exceso, esplendor y derroche con que se celebró. Me estoy refiriendo, por supuesto, a la boda entre la duquesa de Alba y el fallecido Luis Martínez de Irujo, que en su momento fue considerada como la boda más cara de la historia: los ecos de sociedad de la época llegaron a asegurar que costó un millón de dólares de entonces.

La actual duquesa de Alba, Cayetana, madrileña de los pies a la cabeza, nació en el mismo palacete en el que reside actualmente cuando se encuentra en Madrid, el denominado Palacio de Liria, lugar de tesoros incalculables tanto en pinturas —sobre todo de Goya—, como en todo tipo de joyas y recuerdos que han permanecido durante siglos en el seno de la familia Alba. Cayetana nació el 28 de marzo de 1926 y su madre, María del Rosario Silva y Gurtubay fue atendida en su dormitorio del palacio por dos comadronas, según acostumbraban entonces. No obstante, por si pasaba algo, en una salita continua hacían tertulia y charlaban el duque de Alba y sus amigos: el ilustre médico de la familia Gregorio Marañón, el escritor Ramón Pérez de Ayala y el filósofo José Ortega y Gasset.

El primer romance de Cayetana fue a los 17 años, cuando se prendó románticamente del torero Pepe Luis Vázquez, al que conoció durante el verano de 1942.

La duquesa de Alba, entre madrileña y sevillana, tenía un encanto muy especial y siempre se la veía rodeada de jóvenes pretendientes. Uno de ellos fue el príncipe Aspreno Colonna, pero la duquesa no permitió que aquello pasara de puro galanteo. Otro de los pretendientes fue el príncipe Michael Windischgraetz, heredero del imperio austro-húngaro. Pasados unos años Beltrán Osorio, duque de Alburquerque, llegó a hacer lo imposible por enamorarla, pero también fracasó y es en esos momentos cuando en la vida de Cayetana se cruza Luis Martínez de Irujo y Artacoz, al que conoció en la plaza de toros de las Ventas.

Un romance corto, un hombre inteligente y una joven encantadora además del padre de ella, duque de Alba para más señas, que estaba deseando casarla, dieron lugar a la boda más cara de España.

No hay que olvidar que al hablar de la duquesa de Alba se está hablando de alguien que posee más títulos nobiliarios que el propio Monarca. Cayetana Fitz-James, duquesa de Alba, posee cincuenta y dos títulos nobiliarios y es dieciocho veces Grande de España. La boda se celebró en el Altar Mayor de la Catedral de Sevilla, algo verdaderamente extraordinario porque el Arzobispado de Sevilla lo tiene reservado exclusivamente para aquéllos que pertenecen a la Casa del Rey, como era el caso de la infanta Elena.

Históricamente, la Casa de Alba jamás quiso ser eclipsada por el resto de la realeza europea ni, por supuesto, por la Familia Real española. Por eso en aquel entonces competía —y solía ganar— con las fiestas y celebraciones que organizaba el Palacio Real. Por eso, en esta ocasión y como era de esperar, el duque quiso tirar la casa por la ventana al tratarse de su única hija. A esto se añadió el hecho de que Inglaterra, concretamente Londres, se preparaba para celebrar el 20 de noviembre de aquel mismo año, la boda de la reina Isabel II, con lo que el duque se sintió doblemente obligado. De hecho, si estudiamos con detenimiento la calidad de la celebración de todas las bodas reales celebradas anterior y posteriormente en España, podemos asegurar que prácticamente ninguna logró el boato y la esplendidez de la boda de la duquesa de Alba que se celebró el 12 de octubre de 1947, festividad de Nuestra Señora del Pilar. Ya hemos adelantado que el gasto superó el millón de dólares en aquella época. Ante los preparativos, el general Franco, ya jefe de Estado, comentaba a sus colaboradores en el Palacio de El Pardo, lugar donde recuerdo al lector que tuvo lugar la ceremonia pública de la pedida de don Felipe y

Letizia: «Es un loco caprichoso este duque y lo malo es que no sabe cómo tirar el dinero.»

Los invitados oficiales a la ceremonia religiosa y al banquete fueron 2.500 personas venidas de todo el mundo. Además, más de 100.000 personas, Sevilla entera en realidad, aclamaron por la calle el cortejo nupcial.

Veinte chefs expertos en cocina internacional, seis maestros de confitería, cincuenta cocineros y un batallón de ayudantes, trabajaron durante toda la noche para conseguir lo necesario para el banquete. Se guisaron 600 pollos de corral, 500 kilos de langosta y varios pescados, 300 kilos de jamón pata negra, 500 kilos de carne de ternera y vaca y por fin, 500 litros de helado para acompañar a la más monumental de las tartas nupciales. Los invitados consumieron durante la recepción, primero el cóctel de bienvenida y luego la comida, 2.000 botellas de cava catalán, 500 botellas de whisky, 1.500 botellas de jerez y 5.000 botellas de vino de Rioja y blanco de la Rivera del Duero. El jerez servido durante el cóctel y encargado directamente por el duque a las bodegas del Puerto de Santa María fue una cosecha especial para el acto.

Para que el pueblo participara con alegría de tan fastuoso acto, el duque de Alba mandó imprimir unos vales de comida que tenían validez para tres días y con ellos todos cuantos quisieron pudieron comer y cenar en el lugar que desearan a cuenta del duque. Las colas para recogerlos eran realmente interminables y se entregaban de día y de noche a todo el que lo pedía sin que tuviera que justificar pobreza, ni falta de trabajo ni ningún tipo de requisito. «Es que en el lugar de la ceremonia no había capacidad para todos, pero toda Sevilla estaba invitada», explicaba el duque de Alba para que nadie se sintiera ofendido con el regalo.

Para cerrar este capítulo quiero adelantar que el cava que se va a servir en *la boda del siglo*, la del príncipe Felipe de Borbón con Letizia Ortiz, será como en las bodas de sus hermanas las infantas, elegido por el Consejo Regulador del Cava de Villafranca del Penedés, entre las 261 empresas bodegueras que la componen. Ocho personas, mediante cata a ciegas, elegirán dieciocho cavas; de estos quedarán en una segunda prueba sólo cinco finalistas y hasta obtener el que se paladeará en el Palacio Real se nombrará un jurado especial de veteranos probadores. Será diseñada también la etiqueta con el Escudo Real como se hizo en las anteriores bodas de la familia.

Noches de boda traumáticas y otras anécdotas tristes

A la hora de recordar enlaces de la realeza que estuvieron marcados por circunstancias adversas el mismo día de su boda, hay que citar el triste episodio que tuvo lugar durante el recorrido nupcial de la que sería la última boda real celebrada en España.

Habría muchas formas de relatar aquel trágico atentado que costó la vida a veinte personas inocentes, en su mayoría alabarderos que protegían a la regia pareja; pero prefiero que sea el vivo recuerdo de su Alteza Real, la princesa Pilar de Babiera, el que nos describa el impacto del suceso.

El 31 de mayo de 1906 contraían matrimonio en Madrid el rey Alfonso XIII y doña Victoria Eugenia de Battenberg en medio del revuelo político y social de los años que anteceden a la proclamación de la República.

El cortejo nupcial procedente de la iglesia tardaba casi una hora en marchar camino de palacio, donde se celebraría el banquete. Las calles del centro de Madrid rebosaban de banderas nacionales y guirnaldas de flores y cada pocos metros se habían improvisado arcadas de flores rojas y amarillas.

Todo el pueblo de Madrid, que cubría por completo las calles con los gritos de «¡Viva el Rey!» y «¡Viva la Reina!» vitoreaba la comitiva al paso que las trompetas vibraban en medio de la multitud que, con un entusiasmo frenético, trataba de salir de las aceras a la calzada a pesar de la fuerza que oponían los agentes de seguridad.

El coche principal, adornado con una corona real soportada por dos orbes dorados, era el punto de atención de todos. En varios puntos del trayecto, los vecinos arrojaban flores sueltas y maravillosos ramos desde los balcones a la comitiva. De pronto, ya en la calle Mayor el cortejo se detuvo y la reina preguntó al rey:

—¿Por qué paramos?

Alfonso XIII la tranquilizó diciendo:

—Probablemente haya alguna demora causada por los que se apean en palacio. En cinco minutos estamos ya en casa.

Casi en ese mismo instante cayó sobre la calzada, con un ruido espantoso, un gran ramo de flores. Entonces, un bramido ensordecedor como el del disparo de un cañón enorme, un olor nauseabundo y una llamarada hicieron que el pesado coche real se bamboleara y se inclinara, envuelto en una nube de humo negro tan intenso que el rey no podía distinguir a su lado a la reina, quien se había caído hacia la parte trasera del coche con los ojos cerrados. Cuando el rey pudo verla al fin, creyó que estaba muerta. El carruaje, arrastrado por los caballos que se encabritaban enloquecidos, se precipitó hacia adelante varios metros hasta que por fin paró en seco. El rey, no sabiendo exactamente lo que ocurría, se asomó a la ventanilla de la izquierda con el deseo de calmar la terrible confusión que se había formado entre la muchedumbre.

El conde de Grove y el caballerizo de servicio, conde de Fuenteblanca, quienes se habían precipitado al lugar de la explosión, explicaron al rey que era imposible continuar, puesto que uno de los caballos estaba reventado y los otros heridos.

—Abrid la puerta, entonces. Que traigan el coche de respeto y mandad aviso urgente a la reina madre y a la princesa Beatriz de que nosotros estamos bien.

Seguidamente se apeó y ayudó a la reina a salir del coche. Victoria Eugenia estaba tan conmovida y asustada que apenas podía bajar y en el momento de sujetarse se manchó las dos manos de sangre, lo mismo que todo su hermoso traje blanco de novia.

Dentro del otro carruaje, el rey se volvió hacia su cuñado, el infante don Carlos de Borbón-Sicilia, y a los oficiales apiñados alrededor de la comitiva, diciéndoles en voz alta y clara: «Despacio, muy despacio, a palacio.»

Los que habían llegado ya al lugar del banquete no habían oído más del suceso que el detonante tremendo de una explosión. En las escaleras, miss Minnie, Cochrane, lord y lady William Ceil, lord Londonderry y su hijo, creían que aquello era una salva de efecto festivo por tan alegre acontecimiento.

Como diría Shakespeare, la «divinidad que moldea nuestros destinos» estaba sin duda presente en Madrid aquella mañana donde más de veinte personas inocentes perdieron la vida y otras tantas quedaron ciegas o mutiladas para siempre como resultado de la obsesión de un criminal anarquista.

Pero es cierto que la tragedia pudo haber sido infinitamente peor. Pocas personas saben que el atentado, en un principio, se pretendía realizar dentro del templo donde había tenido lugar la boda, con lo que las víctimas hubieran llegado al centenar. Mateo del Morral, el anarquista que arrojó la bomba, tenía todos sus planes trazados para entrar en la iglesia de los Jerónimos Reales. Un cambio de protocolo en el último momento, truncó su idea criminal. Poseedor de una invitación para la tribuna de prensa y una falsa documentación, se encontró a la puerta del recinto con que tal lugar había sido destinado a los jóvenes infantes y el nuevo sitio en el que él debía situarse ponía en peligro su vida, en caso de arrojar la carga explosiva dentro del templo. No obstante, tenaz en su proyecto, se había dirigido a la pensión contratada con balcón a la calle Mayor para esperar el paso de la comitiva. Ése fue el lugar desde el que lanzó el artefacto envuelto en un ramo de flores y que, por nerviosismo, llegó a caer sobre el lomo de los caballos, lo que mermó hasta cierto punto la fuerza explosiva.

La noticia del dominio de sí y la sangre fría de la joven reina que en aquella misma tarde se había interesado por el estado de los heridos, así como su belleza, corrió por el pueblo de Madrid durante días.

El trozo de bomba que quedó incrustado en la parte trasera del carruaje fue guardado por la Infanta Paz y enviado después a la Real Capilla Votiva de Altötting, en Baviera, donde luego se supo que se había estado rezando por el rey Alfonso XIII y la nueva reina en el momento mismo del atentado. Dicho fragmento y una placa de plata que conmemora la salvación milagrosa de los reyes han quedado para siempre allí, entre las arquetas de oro y plata que contienen los corazones de los monarcas bávaros y que miles de personas visitan cada año.

Dado que no era el momento adecuado para celebrar un banquete nupcial con normalidad, se optó por una especie de tentempié de urgencia para atender a los invitados. Por lo tanto, no puede considerarse que el almuerzo nupcial que se concedió en la última boda real celebrada en España sea un ejemplo adecuado de banquete real, habiendo quedado más bien como recuerdo nefasto de lo que ojalá no ocurra jamás en ningún otro acto oficial.

La celebración de la boda inmediatamente anterior, la de Alfonso XII, también había tenido lugar en el Palacio Real, que había sido a su vez testigo del amor que se habían prometido el jovencísimo rey Alfonso y su primera esposa, María de las Mercedes. Este enlace ha pasado a la historia con la marca indeleble de la muerte prematura de la reina. Exactamente a los seis meses de la fecha de la boda, y en el mismo palacio donde había tenido lugar el acontecimiento, hubo de improvisarse la capilla ardiente de la reina en medio de la consternación general y de la más completa desolación de su enamorado monarca. Así cantaba el pueblo de Madrid este binomio amor-muerte del triste suceso real.

¿Dónde vas, Alfonso XII?
¿Dónde vas, triste de ti?
Voy a ver a mi Mercedes
Que ayer tarde no la vi
Pues Mercedes ya se ha muerto
Ya la llevan a enterrar...

La boda del siglo

Pero para ceñirnos al recuento de anécdotas que empañaron de algún modo el mismo día de la boda, nos remontamos a lo ocurrido dos generaciones antes, entre el rey Fernando VII, también de la casa de los Borbones y su segunda esposa, la reina María Josefa Amalia de Sajonia. Este rey, conocido como *El deseado*, reinó de 1808 a 1833, aunque mucho mejor hubiera sido que reinara un solo día. Cuando quedó viudo a los 34 años de edad —bastantes, a decir verdad, para la época—, y sin haber tenido descendencia, la corte le apremiaba para que volviera a casarse. Pero teniendo en cuenta que se trataba de un hombre inclinado a todo tipo de vicios, acostumbrado visitador de prostíbulos y enfermo, la tarea de buscarle una novia apropiada resultaba difícil en exceso aunque se tratara de un rey.

Por otro lado, su porte de baja estatura, su complexión regordeta, los ojos saltones de mirada torva y cobarde y su grotesca y monumental nariz, además de unas costumbres escasamente corteses, hacía que sus consejeros barajaran muy pocas posibilidades de encontrar una contrayente.

Finalmente la elección pudo hacerse sobre la desdichada María Josefa Amalia de Sajonia, niña de quince primaveras e hija del duque Maximiliano de Sajonia, primo hermano de Carlos IV, y de Carolina de Parma, hija a su vez del duque Fernando I y hermana de la reina María Luisa de Parma, y por lo tanto, sobrina del hombre con el que estaba obligada a casarse. María Josefa, como la mayoría de las mujeres de su época, había recibido una educación acorde con su época pero, según datos históricamente ciertos, su falta de conocimiento de las cuestiones maritales era tan absoluto que, al casarse, todavía creía que a los niños los traía la cigüeña en el pico.

Su padre y cuantas mujeres estaban a su servicio no la habían informado de nada. Una vez anunciado el compromiso de la infeliz, le mostraron a su futuro esposo en un cuadro y cuentan que su susto fue mayúsculo al ver a aquel anciano horrible con el que se tenía que encontrar al finalizar el viaje que emprendía, camino de los esponsales.

Para llegar a Madrid, María Josefa tuvo que traspasar la frontera por Fuenterrabía, en carruaje, por supuesto, y durante todo el trayecto no dejó de llorar por lo desgraciada que se le hacía la vida.

Para que nos hagamos una ligera idea de la extraña pareja que formaban, tengamos en cuenta que la joven reina era de estatura mediana, lo cual suponía veinte centímetros más que el rey, de cuerpo perfectamente formado, sin las gorduras de la época, ojos azules y grandes, cutis fino y blanco como correspondía a los cánones de belleza, nariz pequeña y bien dibujada, y todo el conjunto de muy agradable presencia.

Una vez finalizada la ceremonia y el consiguiente banquete, en el interior de los espléndidos aposentos reales, tuvo lugar la triste experiencia que teñiría para siempre de vergüenza y dolor el recuerdo del día de la boda para la reina. Fue entonces cuando el rey, sin el menor reparo y hartamente acostumbrado a su trato con prostitutas, desnudó sin contemplaciones a su esposa para realizar un acto sexual que más tenía de animal que de humano. Se dice que la ya reina de España fue presa de tal grado de nerviosismo y de ansiedad, ante los dolores, el asco y el miedo que sentía, que la dulce muchachita no pudo controlar nada, ni su llanto, ni su respiración ni sus esfínteres, y acabó orinándose y defecando en la cama entre gritos de auxilio. Su esposo, el rey de España, salió corriendo por los pasillos manchado con los excrementos. El asunto, presenciado por muchos invitados, fue la comidilla de la corte y del pueblo de Madrid durante bastante tiempo. Triste ejemplo motivado por la falta de conocimiento de una reina y por el burdo hacer de un rey.

Pero no es el único caso del bochorno de una reina española ante su corte. Varios son los testimonios a lo largo de nuestra historia, de la vergüenza y el dolor sufridos para someterse a la acostumbrada y obligatoria prueba de la virginidad.

El día que se consumó el matrimonio entre el rey Fernando el Católico y la reina Isabel de Castilla, realizó la prueba la veterana marquesa de Santilla, quien, según la costumbre, mostró la sábana manchada con la sangre de la reina al centenar de cortesanos que esperaban en el salón del trono.

A ella, azorada y dolorida, le producía absoluto horror presentarse ante los que ya eran dueños y partícipes de su intimidad. Paradojas históricas de un matrimonio en el que sin embargo el rey, de dieciocho años de edad, ya tenía dos hijos naturales.

El esplendor de las bodas reales

CAPÍTULO XII

FELIPE V,
ANTECESOR DE DON FELIPE VI

Matrimonios del último tocayo del príncipe

Por mucho que queramos vestir de normalidad la boda que se nos avecina y por mucho que nos parezca «acorde con los tiempos», tenemos que reconocer que en el fondo va a ser una boda insólita. Debemos ser conscientes de que mañana, cuando la boda y nosotros mismos formemos ya parte de la Historia y este acontecimiento se haya desprendido del calor del momento, el *tono rosa* que la tiñe se habrá descolorido, y la visión de lo romántico no tendrá ya tanta fuerza. Entonces llegará la hora del análisis histórico. Y es que, desde el anuncio del compromiso oficial hasta el momento en que el príncipe se sacuda de los hombros de su uniforme el arroz que le habrán echado, la boda habrá sido caldo de cultivo de mil comentarios, casi todos ellos en torno a dos posturas: la tradicional y la moderna. Para los primeros, está claro que los aires modernizadores de la vieja monarquía son en realidad un virus que a la larga puede acabar con ella. Para los segundos, un acontecimiento como éste supone, por el contrario, la necesaria dosis de actualización de la que están tan necesitadas todas las monarquías de Europa.

El problema fundamental viene dado porque hasta ahora, funcionara bien o resultara un desastre, una monarquía siempre se distinguía por mantener cierto alejamiento del pueblo que en realidad es reflejo de que la persona y la palabra del rey están por encima de todos los demás. Por eso puede que tenga más trascendencia de lo que nos parece el hecho de que Letizia Ortiz, una de nosotros, llegue a ser princesa de Asturias: ¿qué va a pasar ahora que cualquiera puede llegar a ser rey o reina? La respuesta a esta razonable inquietud sólo la tiene el futuro.

En estos días son muchas las personas que se preguntan sobre el comienzo de la familia reinante en España. En aquellos tiempos del inicio de los Borbones, la fuerza del apellido y de la familia era algo fundamental. Recordemos que después de dos bodas sin descendencia, lo que conlleva el problema del heredero, el último monarca de la dinastía de Habsburgo testaba en el año 1700 a favor de Felipe D'Anjou, nieto de Luis XIV de Francia: con él la Casa de Borbón llegaba al trono en España.

La Casa de Borbón, sucesora de la de Austria en el

trono español, fue inaugurada por un príncipe de la familia real francesa, Felipe D'Anjou, que al llegar a nuestro país en 1701 fue proclamado rey con el nombre de Felipe V. Complicadas épocas de guerras internas y externas, de divisiones en la península, de pensar que Barcelona se pondría a la cabeza económica y quizá política de España, de divisiones, en definitiva, dentro y fuera del territorio nacional. Además, en aquellos años el clero, una de las clases sociales con más influencia, también sufre la escisión: con los jesuita afines a los borbónicos por un lado y los mendicantes por otro que utilizarán altares y púlpitos como lanzaderas de propaganda. José Antonio Butrón tiene un poema muy gráfico en el que expresa esta situación:

> No conquista Castilla al portugués
> y el catalán se está siempre tenaz
> por irle en ello a Francia su interés.
> Castilla por Felipe pertinaz
> y Francia lo hace todo al revés,
> haciéndole más guerra con su paz.

Felipe V fue por tanto el primer rey Borbón de España y, sin embargo, su nombre no se ha repetido a lo largo de toda la dinastía hasta el actual príncipe de Asturias que será el que reine con el nombre de Felipe VI. Por esta coincidencia onomástica me ha parecido curioso traer a la memoria la vida matrimonial de este antecesor del futuro rey.

Felipe V, antecesor de don Felipe VI

Felipe V tuvo dos esposas: la primera, María Luisa Gabriela de Saboya; y la segunda, Isabel de Farnesio.

La primera es una boda obligada como todas las de la realeza de aquella época. Luis XIV, abuelo de don Felipe, le comunica que ha elegido para él una novia que se llama María Luisa. El rey de España, obediente, envía de inmediato al marqués de Castel Rodrigo a Turín, donde vive la dama, para ultimar los detalles del enlace. El acta matrimonial quedó firmada el 11 de septiembre de 1701, justo una semana antes de que la novia cumpliera los trece años. La noche de bodas debió resultar bastante complicada, según cuentan las historias, cosa lógica si tenemos en cuenta que la esposa acababa de cumplir los trece años y el rey sólo tenía diecisiete. Felipe V, al amanecer del siguiente día, escribió a su abuelo su preocupación por la falta de entendimiento entre los dos.

A vuelta de correo —un mes en aquella época—, obtiene los consejos de su abuelo. La carta termina diciendo: «[...] Haced feliz a la Reina, si es preciso, a pesar de ella misma; reprimidla al principio, que más tarde os lo agradecerá y esta violencia que en vos mismo haréis le dará la prueba evidente del afecto que le profesáis. Volved a leer, yo os lo ruego, mis primeras instrucciones relativas al asunto, y vivid persuadido de que me dicta estos consejos el amor que os tengo, consejos que me parecerían de un padre si en vuestro lugar me hallara y que recibirá como pruebas inequívocas de su entrañable amistad y cariño.»

La boda del siglo

Andando el tiempo, y a pesar de que había sido un matrimonio obligado en el que los consortes no se conocieron hasta el mismo día de la ceremonia, se puede decir que resultó muy bien para los esposos. Hasta que una terrible enfermedad, desconocida en aquella época, acabó con la salud de la reina. Como los médicos españoles ya no tenían respuesta para tan terrible enfermedad, indicaron al rey que consultara con el médico más famoso del momento, que vivía en Holanda: el doctor Helvecio.

Se pusieron en marcha todos los medios necesarios para ir a buscarle y llegó a Madrid al fin, donde, después de examinar detenidamente a la joven, sólo supo hacer un escueto diagnóstico que no lograba compensar ni el largo viaje, los costos ocasionados, ni, por supuesto, la esperanza vana del rey. El parte médico decía: «No se trata de enfermedad contagiosa porque el aliento es puro y los bronquios están sanos.»

En realidad, la reina padecía unos terribles dolores por los que tuvo que abandonar la cama para que no se ahogara al estar tumbada y la pasaron a un sillón con grandes cojines que la mantenían casi de pie.

María Luisa Gabriela falleció el 14 de febrero —hoy San Valentín—, de 1714. La muerte de la reina fue el detonante de un desequilibrado estado mental de Felipe V, que más adelante se desató completamente hasta hacerle perder el juicio. Sobre el impacto que esta

Felipe V, antecesor de don Felipe VI

muerte causó en el joven monarca, es muy elocuente la carta que semanas después del fallecimiento, escribía la princesa de los Ursinos a madame de Maintenon. Dice así: «El Rey vive sumido en la más honda tristeza. No descansa. Le parece que el Palacio está lleno de sombras y habla de abandonarlo para habitar la morada del duque de Medinaceli.

»Llora con frecuencia y no quiere ver a nadie. Desde hace casi un mes, a partir del momento en que se le dijo que sólo un milagro podía salvar la vida de la Reina, no se ocupa de nada que no sea su íntimo pesar. En el instante de exhalar el último aliento mi señora, su Majestad tenía reclinada la cabeza en la misma almohada, muy cerca de la de ella, y las manos se las apretaba con las suyas. Se dio cuenta de que había dejado de existir su fiel consorte cuando Brancas, Helvecio y yo, con algunos nobles que apresuradamente entraron en la cámara, nos acercamos en solicitud de que abandonase aquella estancia. Mi pluma se resiste a describir el momento.»

Aquel matrimonio que tan inciertos comienzos tuvo había llegado a convertirse en una relación cálida y amorosa con la que el rey de España, Felipe V, se sintió completamente feliz. Pero la muerte de su joven esposa ocasionada por aquella desconocida enfermedad que se había desatado con unos molestísimos ganglios que le deformaban el cuello, convirtió la belleza del amor en la tragedia de la muerte.

Isabel de Farnesio,
nunca segundas partes fueron buenas

A los seis meses justos del fallecimiento de María Luisa Gabriela, quien sí que había dejado descendencia al rey, éste manifestó a sus consejeros el deseo de volver a contraer matrimonio.

La nueva esposa llegó a través de una clara confabulación y se la describió intencionadamente como una dama llena de virtudes sobre la que se omitió su acentuado egoísmo y los enormes deseos que tenía de poder político.

Isabel de Farnesio, hija de Eduardo de Farnesio y Dorotea Sofía de Neoburgo, tenía veintidós años.

Los conspiradores del rey la describieron como: «Es alta, bien formada, creemos que le pueda gustar a su Majestad. Tiene buen aire, ojos expresivos y encima es intrépida, astuta, versada en idiomas, le gusta la música, la política, aficionada a la historia y preocupada por todas las actividades artísticas e intelectuales.» En este caso se omitió que tenía la cara dañada por la viruela, tan acorde con aquellos tiempos, que era algo gruesa y que sus prontos eran espectaculares.

Felipe V, era un hombre con un notable contrasentido: por un lado, de una fogosidad y una necesidad sexual enfermiza, era por otro notablemente religioso y siempre rechazaba a las meretrices que se le brindaban. Por eso, como hacía seis meses que padecía abstinencia sexual, el encuentro con su nueva esposa fue explosivo. Cuentan las crónicas de la época que, en el momento de conocerla, el rey le dio la mano, la condujo a la capilla donde se ratificó el casamiento, y desde allí a su dormitorio, en el cual, en ese mismo momento, siendo las seis de la tarde, ambos se metieron en la cama y no la abandonaron hasta cerca de las doce de la noche para asistir a la misa del gallo ya que aquel día era Nochebuena. El abate Alberoni dejó constancia del comportamiento de Felipe V diciendo: «El Rey no tiene más que un instinto animal con el cual ha pervertido a la Reina.» Y también: «Este Rey sólo necesita un reclinatorio y una mujer.»

Al poco tiempo, Isabel de Farnesio sabía que si Felipe V se había casado de nuevo con ella era solamente para poder satisfacer, libremente y sin pecado, sus apetitos sexuales. Consciente de ello, dedicó todo su tiempo y sus actos a satisfacer los apetitos del Borbón procurando no decepcionarle, porque bien sabía que la mejor forma de dominar a su marido era en la cama. Así lo dejó escrito un cronista de aquellos años: «Su verdadero trono fue el tálamo, y desde él, la Reina y señora gobernó a su gusto entre concesiones y exigencias de mujer.»

Isabel de Farnesio, mujer egoísta y ansiosa de ocupar un trono, quiso preparar otros para sus hijos sin mostrar el menor amor hacia sus hijastros, los descendientes de la primera mujer María Luisa Gabriela.

Por su parte, Felipe V terminó sus días en un penoso estado mental. Incluimos aquí la descripción que de él hizo el duque de Saint-Simon, contemporáneo del rey, a quien visitó en 1721. Es así como describe el encuentro: «En la primera ojeada, cuando hice una reverencia al Rey de España, al llegar, me sorprendió tanto que tuve necesidad de apelar a toda mi sangre fría para reponerme. No vislumbré rastro alguno del duque D'Anjou, a quien tuve que buscar en su rostro adelgazado e irreconocible. Estaba encorvado, empequeñecido, la barbilla saliente, sus pies completamente rectos se cortaban al andar y las rodillas estaban a más de quince pulgadas una de la otra; quedé confundido. Una chaqueta sin dorado alguno, de un paño burdo moreno, no mejoraba su triste cara ni su presencia.» Felipe V cayó muerto de forma súbita el 9 de junio de 1746, y no hubo tiempo de avisar a un médico o a un sacerdote para que le administrara los últimos auxilios que durante toda su vida tanto buscó. El primer Borbón tenía un miedo atroz a la muerte y suplicaba continuamente a su confesor que no le dejara solo en el último instante cuando algún día le llegara.

Este primer Borbón llevó a España a lo largo de su reinado a cruentas y costosísimas guerras. Tristemente hay que reconocer que casi todas ellas carecían de fundamento ni suponían una defensa necesaria de su pueblo. Dejaron como fruto una España hambrienta, desolada y triste y la mayor parte de las veces habían sido fruto de las ambiciones personales de Isabel de Farnesio, la reina que conseguía lo que quería desde la cama.

CAPÍTULO XIII

LA BODA DE JUAN CARLOS Y SOFÍA

Un enlace por partida doble

Al contrario que la del príncipe Felipe, la boda de sus padres fue la más monárquica, más tradicional, más conservadora y más acorde con las viejas costumbres de los últimos años que ninguna de las de sus contemporáneos. Cuando el joven príncipe Juan Carlos realizó la petición de mano de doña Sofía, su familia vivía aún en el exilio, ya que Franco tenía recluido a Don Juan de Borbón en Estoril (Portugal), para mantenerlo alejado de España y que nunca supusiera un problema para su gobierno ni su concepto de la dictadura. Este miedo hacia el hijo de Alfonso XIII era tan notable, que cuando en dos ocasiones fue necesario que se entrevistaran, sólo consintió en que el encuentro fuera en alta mar.

La petición de mano tuvo lugar en la residencia de la reina Victoria Eugenia en Lausana (Suiza), donde se había instalado la soberana tras su huida del Palacio Real de Madrid, como ya explicamos anteriormente. El encuentro entre las dos familias se desarrolló a media mañana y culminó con una agradable comida en el hotel Beau Rivage. Al día siguiente, se hizo público el compromiso en Grecia y en Estoril. En España, se extendió la noticia a través de una sola columna publicada en la página dos de un periódico afín al Régimen. Ofrecemos este detalle como punto de comparación entre la repercusión mediática de aquella petición de mano con la actual de su hijo, el príncipe de Asturias, que ha sido publicada en todo el mundo y difundida por las principales cadenas internacionales de televisión.

El romance real arranca el año 1954, fecha en la que un armador griego multimillonario, llamado Eugénides, solicitó de la reina Federica, madre de doña Sofía, el favor de que fuera la madrina durante la botadura de un trasatlántico que tenía en propiedad.

La reina aceptó encantada la invitación pero le hizo al armador que la visitaba una propuesta mucho más sugerente y atractiva: «¿Y si en lugar del tradicional broche de brillantes que se suele regalar a las madrinas no me proporciona usted los medios para organizar un crucero, un crucero por nuestros mares e islas, al que invitemos a todas las familias de la realeza europea?»

Es innecesario hablar de la cara que tuvo que poner el armador griego cuando se imaginó que su barco contaría con la presencia de todos los reyes y reinas de Europa.

La prensa internacional bautizó aquel viaje de ensueño como «crucero de reyes» y, según escribió mucho más adelante la propia reina Federica, madre de doña Sofía, fue un auténtico acierto reunir durante unos días a tantos miembros de las monarquías europeas. «Éramos ciento diez personas —relata la propia reina Federica— de veinte nacionalidades y se hablaban unos quince idiomas diferentes, a pesar de lo cual no hubo la menor dificultad para el entendimiento y la convivencia durante los diez días que duró el viaje.»

La familia real griega al completo embarcó en el dragaminas *Polemistis* hasta Nápoles que era el punto de partida del crucero. Por parte de España, llegó la familia real compuesta por Don Juan de Borbón, doña María de las Mercedes, la infanta Pilar y el príncipe Juan Carlos. Todos, a excepción de doña Margarita que, por estar ciega, se pensó que pudiera sufrir algún peligro a bordo de un barco.

Doña Sofía no tardó en fijarse en aquel joven español del que sentía envidia, dado que sus padres le permitían estar hasta altas horas bailando y charlando mientras que ella debía retirarse a las doce en punto de la noche. Los dos tenían dieciséis años en aquel momento. Éste es el modo en que se conocen y comienzan una interesante y complicada relación que al fin terminó en boda.

La boda de Juan Carlos y Sofía

Rito católico y rito ortodoxo

Éste es el motivo por el cual los Reyes de España tuvieron que casarse dos veces. Las ceremonias, aunque en el mismo día, fueron en iglesias diferentes. La boda en Atenas tuvo lugar el 14 de mayo de 1962.

La solemne jornada oficial se inició a las ocho en punto de la mañana con salvas de cañón y el repicar de todas las campanas de la ciudad. Por encargo del servicio de Festejos de la ciudad, un avión lanzó durante horas pétalos de rosas por todo el lugar donde habría de desfilar más tarde la comitiva.

Seis coronas reinantes ya se encontraban hospedadas en Atenas desde la jornada anterior. Se trataba de las familias reales de Dinamarca, Grecia, Holanda, Liechtenstein, Noruega y Mónaco. Entre los invitados se contaban 143 altezas pertenecientes a veintisiete casas reales. Los monárquicos españoles que vieron desde la calle el cortejo y disfrutaron con la unión de las dos casas reales fueron más de cinco mil.

Más tarde, para la boda católica, un coro compuesto por más de trescientas voces interpretó el *Aleluya* y el *Amén* de Haendel. El primer cortejo salió desde el Palacio Real a las nueve en punto de la mañana, según la rigurosa puntualidad y la perfecta organización del protocolo real. Los coches iniciaron su recorrido hacia la catedral católica de Saint Denis y atravesaban avenidas completamente abarrotadas de un feliz gentío.

El cortejo lo abría el jefe de la policía de Atenas, Evanghelos Karabestos. Detrás iba el coche que transportaba a la reina de Holanda con el rey de Noruega; en un tercer coche iba la reina de Dinamarca con la reina Victoria Eugenia; en el cuarto, la reina madre de Rumanía con el príncipe Bernardo de Holanda; el quinto coche era para el rey Humberto de Italia con su esposa la reina María José; el sexto, para el rey de Rumanía; el séptimo, para los príncipes de Liechtenstein; el octavo, para los también príncipes de Mónaco con los condes de París; y finalmente, los Grandes Duques, herederos de Luxemburgo.

A las nueve y cinco minutos salía de palacio la segunda parte del cortejo compuesto por las ocho damas de honor de la boda que eran: Irene de Grecia, hermana de doña Sofía; Pilar de España; Irene de Holanda; Ana María y Benedicta de Dinamarca; Alejandra de Kent; Tatiana Radzwill y Ana de Francia. Tras otros cinco minutos perfectamente cronometrados partía una majestuosa carroza real en la que viajaban la reina Federica y don Juan de Borbón. Abriendo paso a la carroza, un cuerpo de clarines anunciaba la presencia de las reales personas.

En la segunda carroza estaba el novio, acompañado por su madre la condesa de Barcelona y tras ellos, como distinción de honor, siete jinetes de la Guardia Real.

La novia, doña Sofía de Grecia, acompañada por su padre el rey Pablo, llegó a la catedral a las 9.45 en punto. Aparecieron en la carroza dorada que Grecia posee como un tesoro de incalculable valor, que fue construida para la coronación de Enrique, conde de Chambord, aunque se desconoce el motivo por el que no llegó a utilizarla. Esta joya artesana fue comprada más tarde por el rey de Grecia, Jorge I y se utilizó por vez primera en la boda del rey Constantino y de la princesa Sofía de Hohenzollern. La majestuosa pieza decorada con finísimo pan de oro y tallada magistralmente, fue la que utilizaron también los padres de doña Sofía con ocasión de su boda de 1938. Desde la boda de los Reyes de España se conserva como una auténtica reliquia que puede ser contemplada. De hecho, en el cortejo nupcial de doña Sofía aparecía como una pieza espectacular. Pensada para ser conducida por un tiro de ocho maravillosos caballos blancos elegidos para esta ocasión. Sobre los animales figuraban otros tantos escuderos con traje de gala en tono azul oscuro y ornamentación dorada.

La princesa fue recibida a la puerta de la catedral por el arzobispo católico de Atenas, monseñor Printesi. La novia vestía un traje de lamé blanco, recubierto de tul, con incrustaciones de encaje y una cola de seis metros. El manto era de corte en lamé de tul con encajes antiguos. Una preciosa diadema de diamantes sostenía el velo que ocultaba el peinado obra de Elizabeth Arden.

Para que esta boda pudiera ser oficiada en los dos ritos, el católico y el ortodoxo, anteriormente se tuvieron que desplazar a Roma Don Juan de Borbón y el príncipe Juan Carlos para ser recibidos en audiencia por el papa Juan

XXIII, quien les ofreció todo tipo de facilidades para que la ceremonia pudiera llevarse a cabo. Las únicas indicaciones fueron la necesidad de que doña Sofía recibiera una especie de catequesis de preparación, como la que en estos días tendrá Letizia Ortiz. Mayores fueron los inconvenientes que surgieron por parte de la Iglesia ortodoxa, que es sumamente estricta en sus reglas y formas. Finalmente, también fueron salvados gracias a la formidable intervención del rey Pablo de Grecia.

Debemos recordar que la Iglesia ortodoxa se encuentra separada de la Iglesia católica de Roma desde el año 1054. Permanecen fieles a la doctrina definida en el Concilio de Calcedonia por lo que no reconocen ni el primado de jurisdicción, ni la infalibilidad del romano pontífice. Difiere también en cuestiones dogmáticas relacionadas con el Espíritu Santo y el celibato sacerdotal.

Según había previsto el protocolo, la ceremonia religiosa fue muy breve, puesto que duró tan sólo treinta y cinco minutos y la misa fue oficiada en francés, español y latín.

Una auténtica joyería en regalos

Cuando los nuevos esposos abandonaron el templo de nuevo en la hermosa carroza dorada, regresaron directamente al palacio para tener el descanso que estaba previsto durante una hora. Al término del mismo, se puso de nuevo en marcha la comitiva, en esta ocasión camino de la catedral ortodoxa, donde tuvo lugar el *ritual de las coronas*, que consiste en que los esposos se sitúen bajo unas enorme coronas, obra maestra de la orfebrería rusa. Es entonces cuando pueden ser declarados marido y mujer. Según esta costumbre, en lugar del tradicional *sí, quiero* de nuestras ceremonias religiosas, los esposos intercambian las palabras *sí*, por parte del novio, y *malixta*, por parte de la novia, que se puede traducir por un *yo le quiero*. La reafirmación civil de la ceremonia tuvo lugar más tarde en palacio, ante el alcalde de Atenas.

Todo el conjunto de regalos de boda formaban una exposición de la más preciada joyería. El rey Pablo les regaló la carabela de plata dorada inglesa del siglo XVIII que tenían como adorno en palacio y era de más de un metro de larga. La reina Federica, una gaveta en caoba, con un servicio de cubertería de plata y la diadema que llevó la novia en su boda. El príncipe recibió un anillo del siglo V antes de Cristo, de oro con camafeo. Los príncipes Constantino e Irene, unas pulseras de oro con zafiros, esmeraldas y rubíes. De Gaulle, una vajilla de Sévres. La reina Victoria Eugenia, un brazalete de rubíes y zafiros. Chiang Kai Chek, presidente de Formosa, un vaso de porcelana china del siglo XVI. La Familia Real inglesa, un servicio de mesa de porcelana blanca y dorada. Niarchos, un aderezo de rubíes para la novia y un centro de mesa que era la maqueta de un petrolero en oro macizo.

Dentro de los regalos más singulares se pueden citar el de los príncipes de Mónaco, Rainiero y Grace, que les regalaron una embarcación deportiva y el de Onassis, que consistió en unas pieles de marta cibelina. El sha Reza Pahlavi, de Irán, un gran tapiz persa. El rey Balduino de Bélgica, doce boles de fruta de vermeuil y Franco, la gran cruz de Carlos III en plata y diamantes, que ignoraba que se tratara de una concesión que sólo se puede hacer a los hombres puesto que para las damas, en estos casos, se debe imponer la cruz de la orden de María Luisa.

Esta boda, tradicionalmente monárquica como apuntábamos en un principio, y conservadora en cuanto a la nobleza y linaje de ambos contrayentes, supuso un enriquecimiento para España con todo el bagaje histórico que aportaba la princesa Sofía de Grecia.

Recogemos aquí el árbol genealógico de los contrayentes que se remonta siglos atrás.

Victoria I reina de Gran Bretaña 1819-1901
Beatriz, princesa de Gran Bretaña 1857 1944
Victoria Eugenia, reina de España 1887- 1969
Juan de Borbón, conde de Barcelona 1913-1993
Juan Carlos I, rey de España 1938

Victoria emperatriz de Alemania 1840-1901
Guillermo II, emperador de Alemania 1859-1941
Victoria Luisa duquesa de Brunswick 1852-1980
Federica, reina de los Helenos 1917-1981
Sofía, reina de España 1938

Ésta es la primera aparición en público de la pareja del año. El pueblo español se
revolucionó el 3 de noviembre de 2003 en que fue tomada esta foto. El príncipe y
doña Letizia Ortiz acudieron junto a los Reyes a un concierto en el Teatro Real.
Estaban radiantes, no dejaron de sonreír ni ocultaron la complicidad que les une.
Ella, algo nerviosa, no pudo evitar atusarse el cabello.

El príncipe, al igual que sus hermanas las infantas, ha elegido pareja dejándose llevar por el corazón y no por intereses de Estado. Así lo hizo doña Elena, que se casó el 1 de marzo de 1995 en la catedral de Sevilla con don Jaime de Marichalar y Sáenz de Tejada (arriba). Y dos años después, doña Cristina que contrajo matrimonio con don Iñaki Urdangarín el 4 de octubre de 1997 en la catedral basílica de Barcelona (abajo)

El próximo enlace que va a celebrar nuestra Casa Real tendrá mucho en común con
el de S.S. M.M. los Reyes. El día de su boda, celebrada en Atenas el 14 de mayo de
1962, don Juan Carlos y S.A.R. la princesa Sofía de Grecia, aún eran príncipes de
Asturias. Lo mismo sucederá el próximo 22 de mayo de 2004 con doña Letizia
Ortiz y don Felipe de Borbón.

EFE

La personalidad real con la que doña Letizia Ortiz tiene más en común, por los aires innovadores que introdujo en palacio, es la reina Victoria Eugenia de Battenberg. Ésta es la imagen del día en que se anunció oficialmente el compromiso matrimonial del rey Alfonso XIII y la princesa Victoria Eugenia de Battenberg, el 1 de mayo de 1906.

Casi un siglo separa esta foto de la de la página de la izquierda. La petición de mano de doña Letizia Ortiz tuvo lugar en el Palacio del Pardo el 6 de noviembre de 2003, ante cientos de periodistas de todo el mundo. Ésta podría considerarse la foto oficial de su compromiso.

EFE

KORP.

La última boda real que se celebró en Madrid fue la de Alfonso XIII y Victoria Eugenia de Battenberg el 31 de mayo de 1906. A la derecha, en la fotografía superior, la llegada de la futura reina y de la reina María Cristina a la Iglesia de los Jerónimos. La imagen inferior reproduce un óleo de Juan Comba del transcurso de la ceremonia. En esta página, un grabado de Nuestra Señora de la Almudena, ante cuyo altar contraerán matrimonio el príncipe y doña Letizia.

Doña Letizia y el príncipe son una pareja muy compenetrada como demuestran las continuas atenciones que se dispensan en público. Es mucho lo que tienen que decidir sobre los preparativos de su enlace cuyo banquete se celebrará en el mismo salón en el que aparecen retratados Alfonso XIII y Victoria Eugenia de Battenberg (a la izquierda, abajo). En la parte superior, una imagen del trágico atentado que sufrió en la calle Mayor de Madrid el cortejo nupcial de la citada pareja real.

Hubo matrimonios desafortunados en la realeza española como el de Alfonso XII con María de las Mercedes de Orleáns (arriba, en el día de su boda el 23 de enero de 1878). María de las Mercedes, cuya comitiva regia aparece reflejada en un dibujo de Juan Comba (a la derecha, arriba), falleció seis meses después de su boda. Alfonso XII quedó desolado, pero volvió a casarse con María Cristina de Habsburgo. Detalle de la ceremonia el 29 de noviembre de 1879, en un grabado coloreado (a la derecha, abajo).

KORPA

KORPA

Las bodas de la nobleza y la realeza han despertado siempre gran expectación popular y el enlace de Felipe y Letizia no será una excepción. Así fue en la boda de la actual duquesa de Alba, cuando aún era duquesa de Montoro. Contrajo matrimonio con Luis Martínez de Irujo y Atracoz, el 12 de octubre de 1947, el padre de la novia, Jacobo Fitz-James Stuart y Falcó, entonces duque de Alba, acompaña a su hija (a la izquierda, arriba) hasta la catedral de Sevilla. También fue una fiesta digna de rememorar la celebración de la boda de don Juan Carlos y doña Sofía, que se casaron por el rito católico y por el rito ortodoxo (sobre estas líneas y a la izquierda, abajo).

La Familia Real española siempre ha sabido equilibrar las exigencias del protocolo con la sencillez y cercanía que les ha hecho merecedores del afecto del pueblo. Todo indica que la nueva pareja, que tan cariñosa vemos en estas imágenes, mantendrá en sus apariciones públicas la naturalidad y el sentido del humor. Así quedó patente el día de la petición de mano (foto oficial, izquierda arriba).

La pareja, que nunca escatima muestras de ternura (arriba), se trasladará a vivir a su nuevo hogar (abajo), una mansión situada muy cerca del Palacio de la Zarzuela. Será el próximo 22 de mayo, cuando, tras el enlace, doña Letizia se convierta en la nueva princesa de Asturias. Hasta la fecha don Felipe sólo ha celebrado en este palacete algunas recepciones y actos oficiales.

CAPÍTULO XIV

DEVANEOS REALES

No existe la sangre real pura

El matrimonio de don Felipe de Borbón con Letizia Ortiz ha desatado un auténtico aluvión en estos tiempos de opiniones sobre la realidad de una ley morganática y los efectos legales que esto pueda tener en nuestra Familia Real.

La prensa del corazón ha sido, desde su desconocimiento, la que más alto ha opinado sobre si Letizia Ortiz tiene o no derecho a llegar a reinar.

Por razones que ya hemos expuesto anteriormente, la respuesta contundente y rotunda es afirmativa. A pesar de haber despejado las dudas, me viene a la memoria el debate que tuvo lugar hace ya años sobre el tema que está en el fondo de estas cuestiones actuales.

Me refiero al encuentro que tuvimos el historiador,

investigador y escritor Ricardo de la Cierva y yo a la salida de la presentación de su libro *El mito de la sangre real*, editado por Fénix y que fue fruto de un largo debate televisivo que cuestionaba la licitud de las bodas morganáticas. En aquel debate habíamos intervenido el propio Ricardo de la Cierva como investigador; Gabriel Cisneros, ponente de la Constitución en el Congreso; el decano de la Diputación de la Grandeza, duque de San Carlos; el catedrático de Historia del Derecho, Bruno Aguilera; el periodista Julián Lago y el autor que aquí escribe. Y tengo que reconocer que, si bien comencé el debate sumido en un mar de dudas sobre la validez o no de la famosa pragmática, al final todas aquellas dudas quedaron despejadas: la sangre real pura no existe; por lo tanto, la Ley Morganática que prohíbe los enlaces entre príncipes o princesas con desiguales, no tiene ninguna razón de peso para existir.

Ricardo de la Cierva decía entre sus conclusiones: «Soy uno de los poquísimos españoles, no creo que rebasen la media docena, que hemos sido capaces de tragarnos íntegra la Pragmática de Carlos III, publicada dentro de la *Novísima Recopilación de Carlos IV* y reproducida recientemente en hermoso facsímil por el Boletín Oficial del Estado. Resulta que no se trata de una ley sucesoria, sino de un conjunto de disposiciones de Derecho Privado para todo hijo de vecino y no sólo para la Familia Real. La Pragmática aclara que se exige el consentimiento de los padres para el matrimonio de los hijos y privan a éstos de la legítima si se casan sin ese consentimiento de los padres para el matrimonio. Esto es realmente la *Pragmática*; aunque Carlos III disimuló bajo estas normas de derecho civil la envidia que le recomía por la boda de su maduro hermano el infante don Luis que se empeñó en casarse ya cincuentón con una bella aragonesa de dieciocho años noble, pero no princesa. Era preciso, pues, contar la historia completa del infante don Luis, personaje atrayente si los hay, patrono de los matrimonios regios por amor y de ello podremos hablar.»

Para De la Cierva no es necesario remontarse mucho en el tiempo. Le basta con llegar hasta las fuentes de la sucesión en la Corona de España: las *Siete partidas*, de Alfonso X el Sabio, cuyas disposiciones se reproducen exactamente en todas las Constituciones españolas, desde 1812 a la de 1978.

La Corona es la institución fundamental del Estado y de la nación española. La sucesión de la Corona no es ni puede ser una frivolidad, sino un importantísimo problema que debemos tener todos completamente claro.

La Casa de Borbón, que llegó a España en 1700, introdujo dos cambios en la sucesión regia que resultaron traumáticos. Primero, la Ley de Felipe V en 1713, una de las piezas más misóginas de la Historia española; con ella nunca hubiera reinado Isabel la Católica. Segundo, la ya citada *Pragmática* de Carlos III.

El caso es que el propio hijo y sucesor del segundo Borbón en España, Carlos IV, derogó la famosa Ley Sálica de Felipe V, aunque olvidó publicar el restablecimiento de la Ley de Las Partidas. Este olvido imperdonable, mal subsanado por Fernando VII, dio origen a las cruentas guerras civiles del siglo XIX. El mismo Carlos IV derogó también la *Pragmática* que había promulgado su padre al rehabilitar al ya difunto infante don Luis.

Más tarde, nuestro propio Código Civil y nuestra vigente Constitución le han dado una respetuosa sepultura en el nicho de la historia del que nunca debió salir para amenazar la libertad de nuestros príncipes con su espectral presencia.

En definitiva, la *Pragmática Sanción* ya no existe y el príncipe se puede casar con quien desee si cuenta con el beneplácito de su padre el Rey.

Son muchos los matrimonios entre *desiguales*, según denominación del propio Carlos III, que se registraron en la sucesión real a lo largo de la Edad Media, después de *Las partidas* de Alfonso X el Sabio.

La legislación fundamental de la Casa de Borbón en Francia atestigua que su primer rey, Enrique IV, de quien proviene la dinastía de los Borbones en España, contrajo un segundo matrimonio morganático. «Hay mucha sangre bastarda y también hay mucha sangre *desigual* por ambas partes —asegura Ricardo de la Cierva— entre los antecesores del actual rey de España.»

Un matrimonio *desigual* por ambas partes, si se me permite la contradicción que se da con el lema del que se preciaban, es nada menos que el de los Reyes Católicos, don Fernando y doña Isabel, cuyas dinastías se entremezclan con historias oscuras entre bastardos y guerras fratricidas. El que luego sería rey de Aragón y Navarra y además, rey de España por su matrimonio con Isabel de Castilla, era también tataranieto de Enrique de Trastámara, como ella, y por tanto corría sangre mezclada por sus venas.

Fernando era hijo del rey Juan II de Aragón, nacido en Medina del Campo y casado en primeras nupcias con la reina Blanca de Navarra con la que no tuvo descendencia. Por eso, Fernando era hijo del segundo matrimonio de don Juan II con doña Juana Enríquez, de noble sangre, pero no real; por lo que quedaría automáticamente descartado de la sucesión regia si aplicáramos los estrictos principios de los más extremistas monárquicos.

Juana Enríquez era hija a su vez del almirante de Castilla, don Fadrique y de su noble, pero no regia esposa, doña María de Ayala y Córdoba. Este Fadrique Enríquez era hijo de don Alonso del mismo apellido, vástago del propio rey Enrique II, el cual, a pesar de toda su realeza había engendrado el linaje bastardo de los Enríquez, fruto de sus relaciones con una de sus concubinas preferidas, bellísima judía. Por tanto, don Fernando el Católico, hijo de Juana Enríquez, descendiente también de aquel linaje, llevaba en su sangre dos herencias magnicidas, porque además de don Enrique II la decidida segunda esposa de Juan II de Aragón intervino con pocos escrúpulos en la eliminación.

La corona *gay*

Además de las relaciones más o menos ilícitas de los monarcas españoles, no podemos olvidar que en la Historia de España más reciente, la especial condición del consorte de la reina ha originado casos tan claros como el de Alfonso XII, fruto de la relación entre Isabel II y uno de sus amantes.

La documentación que se conserva en los archivos vaticanos y claretiano de Roma deja claro que el padre del rey Alfonso XII no fue el esposo *gay* de la reina Isabel, Francisco de Asís, sino el capitán de ingenieros don Enrique Puigmoltó, miembro de una notable familia valenciana pero sin ninguna proximidad con la realeza, ni siquiera con títulos menores.

Francisco de Asís, a quien el pueblo, sabio al cabo a la hora de reconocer la verdad de los hechos, denominaba *Paquito natillas*, era hijo del infante don Francisco de Paula, hermano de Fernando VII y de la infanta Luisa Carlota de Borbón y Borbón, hermana de la reina María Cristina.

La boda por imposición con la reina Isabel II, una mujer muy pasional, terminó siendo el origen de una larga lista de amantes que satisfacían sus deseos sexuales. La primogénita fue la infanta Isabel, a quien se la conocía como *La Araneja*, por su padre putativo, el apuesto militar Ruiz de Arana, futuro dùque de Baena; las infantas Pilar, Paz y Eulalia, se decía que eran, al menos dos, hijas del secretario de la Reina, el notable político don Miguel Tenorio de Castilla; y respecto al infante Alfonso, quien reinaría con el nombre de Alfonso XII, se asegura que era hijo de Enrique Puigmoltó, como ya dijimos anteriormente. La reina tuvo varios abortos, de los cuales, como es lógico, no se pudo comentar a qué otros padres pertenecían.

La reina Isabel no ocultaba demasiado estas salidas amorosas fuera de un matrimonio, por otra parte, inadecuado. Existen infinidad de anécdotas escritas sobre la vida en palacio, como cuando delante de varias damas y por estar enojada, le espetó a su hijo Alfonso: «Lo que tienes de Borbón lo tienes sólo por mí.»

De hecho, podría hacerse una larga lista con todos los supuestos amantes de Isabel II sobre los que existen claros indicios de su relación. En 1928, el marqués de Villa-Urrutia escribía en *Palique diplomático*: «El general Serrano, duque de la Torre, posiblemente el primer amante de la Reina, que le llamaban *general bonito*, fue luego regente del reino, a la caída de Isabel, y hasta presidente del poder ejecutivo de la Primera República.» Siguiendo a Manuel Barrios, podemos afirmar que, a la reina Isabel, le fascinó la juventud y el prestigio de Serrano. Por él organizó un romántico encuentro a escondidas en Aranjuez. Enrique Puigmoltó, vizconde de Miranda, fue un amor incauto. Isabel sintió por él un flechazo aún más exaltado cuando este capitán de zapadores defendió la puerta principal del palacio de doña Isabel durante una revuelta. Puigmoltó, decidido a dar su sangre por la reina, fue ascendido y condecorado con la Cruz Laureada. Pero los consejeros de la reina no vieron bien esta debilidad por Puigmoltó y se le impone el destierro. José María Ruiz de Arana, duque de Baena, fue un amor tranquilo, que supo llegar sin escándalo hasta las habitaciones de la reina y con la misma discreción se apartó de ella. Precisamente Ruiz de Arana y Puigmoltó, bizarros oficiales, fueron señalados como responsables de la paternidad de la Chata. Manuel Lorenzo Acuña, marqués de Bedmar, al que Isabel conoció en el restaurante madrileño Lhardy, fue un embaucador al principio, un auténtico *vivalavirgen*, casado con una aristócrata resignada, que sin embargo demuestra fidelidad en su exilio parisino. Miguel Tenorio era secretario particular de la reina. Tirso Obregón, un cantante de ópera que llamaba la atención de las señoras por su ceñidísima forma de vestir en el escenario, se encontró con Isabel en una de sus representaciones en el Teatro Real, mantuvieron una relación que peca de indiscreta y tempestuosa. Carlos Marfori y Calleja, intendente de la Real Casa, estuvo con Isabel cuando ésta contaba treinta y cinco años y la glotonería le había hecho perder la línea. Fue un amante leal, muy fiel, cuya única preocupación fue la felicidad de su amada. Ramiro de la Puente y González Adin, un indeseable al servicio de la veleidosa soberana, es el acompañante que el duque de Sesto y Canovas del Castillo buscaron para Isabel para aliviarle de sus penas en París, con él vivió un amor alocado.

A todos estos habría que añadir los amantes que mantuvieron una breve relación con la reina. En cuanto al rey consorte, Francisco de Asís, conviene aclarar que, aunque no tan fogoso como la reina, mantenía también sus propias relaciones, lo que constituía la comidilla de los despachos diplomáticos, según muestra la anécdota que se cuenta que ocurrió cuando, tras una aventura con una cortesana de alto copete, al salir ésta de la cámara regia, se tropezó con otra dama de la Corte a la que informó de que don Francisco de Asís acababa de portarse con ella como un auténtico Don Juan. La otra dama, sin poder contenerse, le espetó: «Pues anda y cuéntaselo al embajador inglés...»

Francisco de Asís había nacido en Madrid el 13 de mayo de 1822 y era primo hermano de la reina. La verdad es que Isabel tenía muchos pretendientes para poder elegir marido. No era una mujer fea y poseía la codiciada Corona de España. Entre los candidatos probables se encontraban el conde de Montemolín, hijo del pretendiente carlista don Carlos. Pero unos por intereses políticos y otros por otras razones, al final, todos fueron descartados. Todos, menos uno. El único que quedaba en pie era Francisco de Asís, que era la candidatura de la corte francesa. El embajador francés, conde de Breson, tuvo, pues, que tratarlo con la reina madre. La conversación que mantuvieron la reina María Cristina y Breson es una auténtica obra de sainete según aparece escrita en los informes palaciegos:

—Majestad, todo debe cerrarse para que vuestra hija y don Francisco de Asís contraigan matrimonio.

—Pero, ¿dónde va a ir este medio mariquita?

El conde, impertérrito, continuó con las bondades de su candidato.

—¿Es que no ha visto cómo anda, cómo se mueve, cómo habla?

Y ante la insistencia del embajador, la reina cortó:

—No siga. ¿No ha visto los encajes que lleva?

Silencio del embajador.

—¡Si a los veinticuatro años que tiene no se le conoce ninguna aventura con mujeres!

—Señora —respondió el embajador— si el infante don Francisco de Asís es tan reservado, se debe a que ya desde niño ha estado enamorado de la reina Isabel, y por ella se ha propuesto mantenerse virgen y serle fiel hasta la muerte.

Se cuenta que Isabel, al tener noticias del matrimonio que, obligatoriamente, se le imponía, recorrió salones y escaleras mientras gritaba y lloraba. También amenazaba con entrar antes en religión que casarse con su primo al que despectivamente llamaba Paquita.

El día 10 de octubre de 1846 se celebró esta boda inadecuada y peculiar entre Isabel II y su primo Francisco de Asís. En la misma ceremonia se casaba su hermana Luisa Fernanda con Antonio María Luis Felipe de Orleans, duque de Montpensier. Después, las dos hermanas recibieron las bendiciones nupciales en el salón de embajadores del Palacio Real, cuyas paredes aún deben conservar el senti-

La boda del siglo

miento de horror e impotencia que sufrió esta mujer a la que condenaban de por vida a tan ridícula unión.

El pueblo, por su parte, ante la festividad de palacio, no paraba de hacer comentarios e inventar chistes jocosos sobre la situación. De entonces se conoce la serie de cancioncillas que se coreaban por todas partes y cuyo estribillo era:

> *Paco natillas*
> *es de pasta flora*
> *y se mea en cuclillas*
> *como una señora.*

Para más delito la boda se celebraba el mismo día en que Isabel II cumplía los dieciséis años, difícil edad para entender sin dolor lo que su condición política le obligaba a aceptar.

Francisco de Asís recibió por decreto aquel mismo día el título de rey, circunstancia esta que se podía haber ahorrado, puesto que perfectamente podía haberse mantenido como el consorte de la reina, que es la que realmente ejerció el poder. De este modo, en virtud de una boda muy particular, España creaba la *corona gay* que tanto ha dado que hablar.

Respecto a la noche de bodas, Pierre de Luz narra el viaje que realizó la pareja desde el Palacio Real de Madrid al Palacio de la Granja de Segovia: «El servicio de sus

Majestades sufrió un accidente que le obligó a permanecer diecisiete horas en un barranco, y el Rey y la Reina llegaron por la tarde en carruaje a la Granja, y no encontraron nada preparado para acostarse. Tuvieron que hacerse por sí mismos la cama y no encontrando las sábanas, tuvieron que utilizar las cortinas del cuarto para colocar encima del lecho. Pero sus majestades son jóvenes —continúa describiendo Pierre de Luz— y están en plena luna de miel y han podido cantar como Beranguero: "A los veinte años, qué bien se está en un granero". A pesar de todo, al día siguiente parecían estar encantados de haber pasado una noche tan accidentada.» Tiempos después, Isabel II confió a León y Castillo que la noche de bodas no ocurrió nada como era de esperar: «¡Qué se podía creer que habría de suceder si mi marido llevaba, al desnudarse, muchas más puntillas que yo.» Todo parece indicar que efectivamente aquel matrimonio no llegó a consumarse a pesar de lo cual, y por razones de peso político, fue siempre dado como válido.

El pueblo, atento a todo, siguió creando cancioncillas al hilo de la historia real que aireaban los rumores de los amantes de la reina por las calles de Madrid:

Isabelona
tan frescachona
y don Paquito
tan mariquito.

Carmen Llorca relata cómo transcurría la vida de la reina Isabel por aquella época: «Entre los gentiles hombres de cámara, los del interior y caballerizas, Isabel II ha seleccionado a un grupo de jóvenes con los que asiste a Lardhy, a las fiestas madrileñas, a las recepciones y tertulias, invariablemente acompañada también por la infanta Josefa, compañera en estos inconscientes y divertidos pasatiempos. Es ésta una época agradable en Palacio: se hace música, se representan obras de teatro, y la Reina interviene en ellas ofreciendo el espectáculo de su maravillosa voz. El invierno transcurre en el Palacio de Oriente; pero en primavera, verano y otoño se trasladan a los Reales Sitios de El Pardo, Aranjuez, La Granja y El Escorial. Todos estos palacios son asiduamente frecuentados por la Reina, a los cuales se traslada acompañada por gran número de servidores y amigos, porque Isabel II no sabe estar ni un momento a solas.»

El 30 de septiembre de 1868 la reina decide dejar la Corona y marcharse a Francia. Su última satisfacción fue haber recibido días antes la Rosa de Oro que le envió el Pontífice; doña Isabel respondió emocionada al Papa con este telegrama: «En este momento acabo de recibir la Rosa de Oro, y aún profundamente conmovida envío a Vuestra Santidad la expresión de mi gratitud. Sólo puedo decir a Vuestra Santidad que la honra que me dispensa a mí, al Rey y a toda la familia, la recibo también para esta católica nación.»

Por último, para analizar un poco lo que fue la vida y reinado de esta mujer, a quien la historia ha juzgado con frecuencia de libertina, es justo que cerremos el capítulo con lo que una tarde confesó al genial don Benito Pérez Galdós: «Carecí de gente desinteresada que me guiara y me aconsejara. Los que podían hacerlo no sabían ni una palabra del arte de gobierno; eran cortesanos que sólo conocían la etiqueta. Los que eran ilustrados y diestros en Constituciones no me aleccionaban sino en los casos que pudieran serles favorables, dejándome a oscuras si se trataba de algo en que mi buen conocimiento pudiera favorecer al contrario. A veces me parecía estar metida en un laberinto, por el cual tenía que andar palpando las paredes, pues no había luz que me guiara. Si alguno me encendía la candela, venía otro y me la apagaba.»

La reina Isabel II falleció en París el 9 de abril de 1904. Sus restos mortales fueron trasladados en tren a El Escorial, e inhumados, como los de su esposo, en la provisional sepultura del pudridero. Transcurrido el tiempo que por tradición es habitual, fueron trasladados al Panteón de Reyes. El féretro de doña Isabel ocupó el lugar que, como reina, le correspondía entre Fernando VII su padre y Alfonso XII su hijo. El de su marido, Francisco de Asís, se situó en la urna de enfrente como rey consorte.

CAPÍTULO XV

BODAS SORPRENDENTES

Últimos enlaces que hicieron temblar a las coronas

A finales de noviembre, la casa de su Majestad hizo pública la fecha de la boda que toda España estaba esperando. Será hacia el medio día del 22 de mayo de 2004, cuando don Felipe de Borbón y Grecia y doña Letizia Ortiz se convertirán en marido y mujer y, como consecuencia, en príncipes de Asturias.

Además, esta noticia ha sido recibida con la total aceptación del pueblo a una boda que rompe con las costumbres habituales dentro del espíritu monárquico, algo que parecía casi imposible de conseguir en un país como España que, salvo los breves periodos republicanos y la última dictadura, siempre ha contado con un gobierno monárquico de rancio abolengo.

Es conveniente recordar que hace tan sólo 67 años, el imperio británico rechazó una boda de estas características por considerarla absolutamente inadecuada.

Cuando se rumoreó que el rey Eduardo VIII de Inglaterra mantenía una relación amorosa con una extranjera divorciada, y no perteneciente ni siquiera a la nobleza, el pueblo inglés amenazó con terminar con su corona si se permitía que aquella aventura se convirtiera en matrimonio. De hecho, la fuerte oposición de un sector de la nobleza que residía en el propio Londres estaba firmemente dispuesta a promover un motín popular en caso de que aquellas relaciones prosperasen. Por otro lado, el propio pueblo era el caldo de cultivo adecuado para aquellas rebeliones puesto que la gran parte de la población no admitiría en aquel entonces una boda morganática.

Eduardo, rompiendo con las evasivas y el mutismo en el que se había encerrado desde el comienzo de la denostada relación, decidió al fin pedir consejo a sus colaboradores más cercanos.

La respuesta rotunda no se hizo esperar. Ninguno de ellos encontraba a Inglaterra preparada para admitir la presencia de una novia sin rango real en aquellos momentos. Es más, sin temor a exagerar, los consejeros hicieron partícipes al rey del oculto temor a que la gente saliera a las calles de Inglaterra dispuesta a iniciar una revolución tan cruenta como resultó ser la francesa.

Tras la serie de sesudas razones que el gabinete de

urgencia expuso con vehemencia a su rey, se dice que Eduardo se retiró veinticuatro horas a un palacete en las afueras de Londres.

A primeras horas de la mañana del segundo día, regresó al Parlamento acompañado tan sólo por su chófer. Volvía con la clara intención de abdicar por amor. A partir de entonces, lo que pudo haber sido un terrible drama para el país, quedó convertido de pronto en una película romántica con un final muy controvertido.

La noticia cayó como un obús en cada uno de los palacios de Europa. La opinión pública británica consideró que Eduardo nunca tuvo auténticas ganas de reinar cuando era capaz de dar al traste con todo por un simple capricho amoroso. Los más próximos a la Corona y los políticos más avezados enarbolaron la bandera del deber del rey, puesto que no veían solución más digna que la de abdicar. En cuanto al resto de las casas reales europeas, hubo una enorme diversidad de opiniones, de las cuales, la que más prevaleció, fue la de considerar la reacción del rey como exagerada. Muchos menos fueron los que opinaban que había actuado con lógica y coherencia.

La mujer que desató el viento huracanado que sacudía por aquellos días la opinión pública dentro y fuera de Inglaterra, era la norteamericana Wallis Simpson, una chica madura y divorciada, de rostro severo y mirada penetrante.

Según la intervención directa por radio que los colaboradores del ya ex rey Eduardo VIII prepararon después de la ceremonia de abdicación, el monarca se despidió del pueblo con estas palabras:

«Tenéis que creerme: encuentro que me resulta imposible cargar con el pesado fardo de mis responsabilidades y asumir mis deberes de Rey sin el apoyo y la ayuda de la mujer que amo.»

Así concluía una crisis institucional que había dividido profundamente a la opinión pública inglesa, y que tenía su origen en la muerte del anterior monarca, Jorge V.

Tras suceder a su padre y anunciar que estaba enamorado de la divorciada americana, la Casa Real y el partido Conservador en el poder se opusieron enérgicamente ante el resquemor y la inquietud que en el fondo alentaban su oposición ante las tendencias renovadoras del flamante monarca que, por otro lado, le habían granjeado una gran popularidad. La oposición a Eduardo VIII estuvo encabezada, desde el comienzo de la crisis, por su primer ministro, Stanley Baldwin. Al tiempo que la situación se agravaba a nivel internacional, la polémica se extendía entre la opinión pública.

Mientras un amplio sector popular apoyaba la independencia de criterio del monarca, otro, también numeroso, lamentaba que el rey hubiera perdido, por una mujer, la dignidad real y el sentido de la responsabilidad del Estado.

Frente al Palacio de Buckingham tuvieron lugar durante varios días manifestaciones de uno y otro signo que terminaban en violencia callejera antes de que llegara la policía. Centenares de ciclistas portaban carteles en los que podía leerse: «Queremos a Eduardo VIII» o «Un pueblo es más importante que una mujer» y también «Quédatela de querida, pero queremos una reina». Finalmente, los amores del rey fueron objeto de un tumultuoso debate en la Cámara de los Comunes. Los conservadores que apoyaban al monarca, entre ellos Winston Churchill, fueron abucheados. Eduardo, que pasó a ostentar el título de duque de Windsor, prometió que abandonaría para siempre el territorio británico y se dirigió a Dinamarca, donde contrajo matrimonio con la divorciada norteamericana.

De actriz de Hollywood a princesa de Mónaco

Fue una noticia de primera página en todo el mundo. El principado de Mónaco al completo, gobernado por el príncipe Rainiero III, se vestía de lujo el 19 de abril de 1956 para celebrar la boda de su soberano con la bellísima actriz de Hollywood, Grace Kelly.

El Estado soberano de Mónaco, pequeño principado de la costa mediterránea que vivía básicamente del turismo y de los famosos casinos de Montecarlo, rompía con su tradición monárquica para anunciar al mundo la inminente boda entre su soberano y una de las estrellas más rutilantes del momento.

Desde el año 968 la corona de Mónaco pertenecía a la vieja casa de los Grimaldi. En 1793, la revolución francesa había desposeído al entonces soberano Honorio III. De 1814 data la restauración del Principado, que por el Tratado de Viena de 1815 quedó bajo la protección del rey de Cerdeña. En 1868, Carlos III cedió sus derechos a Francia con lo que el Principado se convirtió, geográficamente, en un enclave francés. A Carlos III sucedió en 1889 el príncipe Alberto, quien firmó un acuerdo con Francia en 1918, por el que esta última se comprometía a asegurar la defensa de la independencia, soberanía e integridad de Mónaco, a la vez que el Principado se obligaba a ejercer los derechos de su soberanía de completa conformidad con los intereses políticos, militares y económicos de Francia.

Cuando el príncipe Rainiero III decide casarse, la población del Principado contaba tan sólo con 26.000 habitantes quienes, por otro lado, no expresaron nunca su oposición ante la decisión del rey. Pero si echamos una mirada a los tiempos que corren, nos daremos cuenta de que la opinión pública de Mónaco tampoco se ha pronunciado ante las más o menos escandalosas noticias sobre las actuales princesas, que son tema obligado en la prensa del corazón.

El día 19 de abril de 1956 tuvo, pues, lugar la ceremonia del enlace entre Rainiero III y la actriz Grace Kelly, en la misma Sala del Trono del palacio monegasco celebrada según el rito católico y presidida por el arzobispo de Mónaco, monseñor Barthe, y el padre Tucker.

La boda del siglo

Como dato anecdótico y premonitorio del interés que despertaría en la sociedad actual el desarrollo de actos oficiales de la realeza, hemos de recordar que la ceremonia fue retransmitida por eurovisión a treinta millones de espectadores, en un momento en el que todavía era extraordinario tener una televisión en cada casa.

Con todo su porte majestuoso, la joven, rubia, alta y bellísima actriz de Hollywood, que vestía un traje de novia de tul blanco adornado con un sinfín de perlas y manto de encaje antiguo, se convertía de aquel modo en «Su Alteza Real, la princesa de Mónaco». Algo semejante a lo que ocurrirá dentro de unos meses en España.

Todo el Principado pudo participar en las celebraciones que el gobierno había organizado desde el día anterior a la boda, y que incluían también el espléndido *catering* que se servía en las largas mesas con mantel blanco repartidas por los parques y jardines de la ciudad.

Entre los invitados a la ceremonia religiosa, se encontraban la Begum, el ex rey Farud; el presidente de la República de Francia, dirigente socialista François Mitterrand; y una impresionante corte de artistas de primera línea del cine americano que no querían perderse lo que se dio en llamar el *rodaje más importante* de la afamada artista internacional.

Recordemos que actualmente el príncipe Rainiero, viudo desde hace muchísimos años, se encuentra apesadumbrado por las dificultades que parece tener su único heredero varón para contraer matrimonio y tener descendencia. Existen indicios que parecen indicar que si este requisito no se cumpliera, Mónaco incluso podría llegar a perder su independencia y convertirse en una simple provincia de Francia a la muerte de Rainiero.

Comentarios aparte sobre la supuesta homosexualidad del príncipe Alberto, que él siempre niega, es cierto que nunca se le ha conocido una relación sentimental con una mujer, más allá de las innumerables fotografías ocasionales que todas las guapas y famosas que han visitado el Principado se han hecho con él. Recordamos las fotos, por ejemplo, con la española Ana García Obregón, o con las actrices Brooke Shields, Morgan Fairchild, Lois Hamiltón, Jody Mc'Neil y cientos más a lo largo de los años desde su pubertad.

Parece verdaderamente complicado poder resolver la sucesión al trono que ostenta Rainiero III desde 1949. El Principado, a pesar de su estrechez territorial, necesita de toda la fuerza y decisión y hay que tener en cuenta que Rainiero, aun conservando un estado de salud relativamente bueno, debe manejar un complejo económico y empresarial de gran alcance, puesto que ya no se trata del Mónaco de antes que se mantenía del turismo y los casinos. Hoy posee fábricas de plástico, electrónica y farmacología de renombre en el resto de Europa. Además, Mónaco siempre ha necesitado vivir bajo las alas de otro país. La labor que hoy hace Francia llegó incluso a ejercerla la corona de España, desde que el genovés Agostino Grimaldi se aliara con el

La boda del siglo

emperador Carlos V en 1530, colaboración que se mantuvo hasta que los españoles fueron expulsados en 1641.

El rey que se casó con una azafata

He aquí otro ejemplo de boda morganática que, por suerte, no fue rechazada por el pueblo, puesto que con el transcurso de los años ha quedado demostrado que la que era considerada plebeya ha resultado ser una gran reina que deja muy bien asentada la monarquía en su país. Nos estamos refiriendo, evidentemente, a Suecia.

Corrían los días 15 al 21 del mes de marzo del año 1976 y la Casa Real Británica se estaba rasgando las vestiduras al hacer público un comunicado oficial en el que se anunciaba la separación legal de la princesa Margarita y el conde de Snowdn —Mr. Anthony Armstrong Jones, antes de casarse—. La nota indicaba que no existían planes para tramitar el divorcio en aquel momento. La Princesa Margarita, de 45 años, era hermana de la reina Isabel y ocupaba el quinto lugar en el orden sucesorio al trono británico. Se había casado con lord Snowdn en 1959, y las desavenencias conyugales de la pareja eran públicas y notorias.

Aquella misma semana del 15 al 21 de marzo, el rey Carlos Gustavo de Suecia anunciaba a su pueblo su intención de compartir el trono con Silvia Sommerlath, una azafata de origen alemán perteneciente a una modesta familia de clase media, a quien había conocido meses atrás, durante los Juegos Olímpicos de Munich.

Antes de la boda se examinaron escrupulosamente todos los antecedentes de la novia, de la familia e incluso de los amigos, con el fin de evitar desagradables sorpresas posteriores. Pero Silvia resultó ser perfecta: dominaba seis idiomas, era una mujer atractiva y culta, honrada y absolutamente discreta. En definitiva, se trataba de una gran profesional.

La ceremonia de unión tuvo lugar el día 19 de junio de ese mismo año, y todo parecía transcurrir como en un cuento de hadas contemporáneo.

El rey Carlos XVI de Suecia se casaba con la joven Silvia Sommerlath. El joven rey tiene treinta años y la novia treinta y dos.

La ceremonia tuvo lugar a las doce de la mañana y asistieron más de treinta casas reales en representación. La novia vestía un traje blanco de organza y sobre su cabeza llevaba una cofia de encaje antiguo holandés con una cola de cinco metros que sostenían unos lacayos con uniforme de gala. La ceremonia también fue retransmitida por televisión a todo el mundo. En España, la primera cadena recogió con todo detalle el acto que convirtió a Estocolmo en *la meca* de la prensa del corazón.

Ese mismo año, nuestra muy reciente monarquía, marcaba un punto y aparte en la historia de las relaciones españolas con América. En la mañana del 31 de mayo, don Juan Carlos y doña Sofía aterrizaban por fin en el aeropuerto de Santo Domingo. Por primera vez, un rey de España viajaba al Nuevo Mundo.

Cuando el descubrimiento de América por parte de Cristóbal Colón, los Reyes Católicos expusieron a la corte sus deseos de poder viajar al nuevo continente, pero su descabellada idea fue de inmediato rechazada. Siglos después, don Juan Carlos y doña Sofía viajaron en un veterano DC-8 de la compañía Iberia llamado *El Españoleto*. Nada más descender el Rey pronunció las siguientes palabras:

«En el momento de pisar el suelo de América, doy gracias a Dios por haberme deparado la honra de ser el primer rey de España que ha podido cruzar el Atlántico para visitarla.»

Los Soberanos permanecieron treinta horas en la República Dominicana y fueron objeto de un recibimiento espectacular tanto por parte de su presidente Joaquín Balaguer, que pronunció un emotivo discurso de bienvenida, como por parte de la gente que vitoreaba a sus Majestades cuando se agolpaba para ver pasar la comitiva.

Era un año muy especial para realizar el viaje, ya que los Estados Unidos de América celebraban también los doscientos años de su independencia. Todas las grandes ciudades norteamericanas fueron, durante meses, escenario de las espectaculares celebraciones del doscientos aniversario de la fundación del país. En Filadelfia, Boston, Washington y Nueva York se podía disfrutar de infinidad de festejos de gran resonancia, tales como los de fuegos artificiales y quema de espectaculares castillos que habían sido traídos directamente de China para su utilización. Se calculó que aquel inolvidable año visitaron el suelo americano más de cuarenta millones de visitantes.

El diplomático extranjero y la princesa

Otra boda morganática más conflictiva que todas las anteriores fue la unión entre la princesa heredera de la corona de Holanda y el ex miliar y diplomático alemán Claus von Amsberg, que tuvo lugar el día 10 de marzo de 1966 en Amsterdam.

Todos los corresponsales que acudieron a esta ceremonia se quejaban de lo mismo; la sinrazón de una vigilancia policial que hacía imposible realizar el trabajo.

He repasado estos días las crónicas de la época publicadas en Francia, Inglaterra y España y todas se inician de la misma manera: «Miles de policías por las calles, francotiradores en cada una de las terrazas del recorrido, controles de identificación que exigían en los hoteles y, en ocasiones, hasta caminando por la calle.»

Bernar Cari, corresponsal de Asuntos Sociales de un importante rotativo inglés, dice de aquel día: «Llegué un momento a dudar si estaba cubriendo la información de una boda real para el *magazine* o había sido enviado como corresponsal de guerra para la sección Internacional. Lo más estúpido resultó cuando me situé en un balcón particular para ver pasar la comitiva por delante y me dispuse tranquilamente y con tiempo a montar mi herramienta. Pero cuando estaba *enchufando* el cañón de un teleobjetivo a la Nikon, me vi rodeado de policías, unos uniformados y otros de paisano, que pensaban que yo era un terrorista. Me llevaron a una comisaría y me registraron hasta las máquinas por dentro. Por supuesto, se velaron media docena de carretes.»

El problema concreto de esta boda tan *militarizada* venía dado por la nacionalidad alemana del consorte, en un pueblo como el holandés que aún no tenía cicatrizadas las marcas producidas por la invasión de las tropas de Hitler.

Von Amsberg, el novio de la princesa, había nacido en 1926, y a los diecisiete años había sido enviado a Italia con la 90 División de Granaderos Tanquistas. Allí fue hecho prisionero por las tropas británicas y enviado a un campo de concentración en Inglaterra.

Más por la nacionalidad que por el hecho de que la corona de Holanda tuviera como rey consorte a un plebeyo, la verdad es que el pueblo holandés mostró muy poco aprecio a la anunciada boda, hasta el punto de que los diarios publicaban fotos de la princesa Beatriz y obviaban reproducir imágenes de su prometido.

A las diez en punto del día señalado, una salva de veintiún cañonazos disparados por el crucero *De Ruyter* anunciaba el comienzo de la ceremonia que se celebró primero por lo civil, ante el alcalde de la ciudad en el Salón Grande del Ayuntamiento. De camino al segundo paso, la celebración religiosa que tenía lugar en la Catedral de Amsterdam, que había sido exquisitamente adornada con las flores más hermosas, la comitiva volvió a ser de cuento de hadas. Desfilaba por las calles de la ciudad la línea de carruajes precedida de la carroza que llevaba a la novia, toda ella de oro macizo y piedras preciosas de tres mil kilos de peso con que la que el pueblo holandés había obsequiado a su reina Guillermina en 1898, cuando se casó.

En cuanto a los invitados, la presencia del resto de Casas Reales europeas fue muy escasa en comparación con otras bodas, no se sabe muy bien si por las medidas de seguridad que exigía la nacionalidad del contrayente o por algún planteamiento político respecto a la opinión sobre la naturaleza de la unión de los cónyuges. Dos de las más notables ausencias fueron la del conde de París y la de Humberto de Saboya, familias a cuyos miembros siempre se tiene en cuenta por la alta alcurnia de sus dinastías. Quizá sus ausencias se debieran al cierto rechazo que se sentía ante el matrimonio entre *desiguales* que estaba teniendo lugar.

A pesar de que en esta boda los contrayentes recibieron de la multitud tantos aplausos como silbidos, lo cierto es que desde aquella época se puede decir que la gran mayoría de las bodas reales que se han celebrado en Europa han sido entre miembros de la realeza y particulares en casi todos los casos ajenos también a la nobleza. Es como si una extraña epidemia se hubiera extendido entre los jóvenes herederos y es curioso porque no han faltado candidatos a la Corona de gran atractivo y de preparación cultural alta.

La boda del siglo

CAPÍTULO XVI

DIANA, LA PRINCESA DEL PUEBLO

Una boda que nunca debió existir

Cientos de miles de ciudadanos británicos y millones de personas en todo el mundo hubieran preferido que el día 29 de julio de 1981 nunca hubiera existido.

¿Qué ocurrió entonces? El heredero de Inglaterra, Carlos I y Lady Di contraían uno de los matrimonios más desafortunados del siglo pasado.

Si ese día se hubiera caído del calendario, es probable que Diana hubiera sido más o menos feliz —creo que más desgraciada no hubiera sido posible— pero, sobre todo, hoy podría estar viva.

La princesa de Gales no era una mujer de extraordinaria belleza, pero sin embargo, resultaba muy atractiva. Su metro ochenta de altura, una constitución delgada y bien proporcionada figura, unidas a una forma de ser entre espontánea y elegante le llevaron a granjearse las simpatías de su pueblo.

Todos cuantos la trataron en vida dijeron que era toda una dama. Joven y profundamente serena. A esto hay que unir su voz agradable, su preparación y por encima de todo, su personalidad. Por eso no resulta extraño que su presencia eclipsara al resto de la familia real británica.

Diana nació en las primeras horas de la noche del sábado día 1 de julio de 1961 bajo el signo de Cáncer. Quizá de ahí se explique la extrema sensibilidad que caracterizó a la princesa a lo largo de su vida. O quizá ésta fuera fruto de un sentimiento de rechazo y de tristeza que le acompañó desde el mismo día de su llegada al mundo.

En la habitación del primer piso de Park House que le vio nacer estaban sus padres, el vizconde y la vizcondesa Althorp. Habían estado esperando durante todo el embarazo un niño y por eso, al encontrarse con una niña fue mayúscula su primera decepción.

La infancia de Diana transcurrió dentro de los cauces de la normalidad teniendo en cuenta el trauma que le supuso la separación de sus padres a muy corta edad. Sus romances fueron los propios de una atractiva jovencita de clase alta con una excelente educación. La joven Diana, gracias a su apellido y a lo cerca que estaba de la primera familia inglesa, no tuvo dificultades para irse encontrando con el príncipe Carlos en diferentes acontecimientos y fiestas hasta compartir los mismos círculos o incluso, las vacaciones en los mismos palacios de verano.

Ella era una atractiva jovencita de dieciocho años que pronto sedujo al heredero. «La primera vez que la besó, su destino quedó sellado para siempre» llegaría a afirmar un amigo de ambos. Otra amiga de Diana aseguraba: «Carlos era un hombre muy sensual, y una vez que Diana estimuló su apetito sexual, el poder se desplazó del uno a la otra. Hasta ese momento, ella había hecho todo el camino. Ahora, echó a correr en otra dirección. Fue toda amor, inocencia y provocación, para después dejar que él la alcanzara.»

Después, la incipiente pareja tuvo una larga separación y Carlos fue acumulando experiencias femeninas en su apretada agenda. Eran relaciones intensas y breves, que duraban apenas unos meses pero se sucedían una tras otra con rapidez. El príncipe de Gales solía sentirse atraído por un mismo patrón de mujer, del mismo modo que le ha ocurrido al príncipe Felipe de Borbón. El ideal del heredero inglés solía seguir el patrón de mujeres altas, rubias, de ojos claros, elegantes y que fueran perfectas en su forma de vestir.

Su primera novia en aquel espacio de tiempo fue Lucía Santa Cruz, hija del embajador chileno. La relación terminó porque Carlos se consideraba en aquel momento demasiado joven para fijar una pareja y, por otro lado, porque él no podía pensar en un matrimonio ni entonces ni nunca, con una católica romana. Tales enlaces están específicamente prohibidos según los términos de la Ley de Capitulaciones de 1701, el decreto parlamentario responsable de que sus antepasados estuvieran sentados en el trono de Inglaterra.

La promiscuidad del príncipe Carlos

Lady Jane Wellesley fue la siguiente novia. La conoció precisamente en España, durante una cacería en una finca de mil cuatrocientas hectáreas al sur de Granada. Esta joven rubia era inteligente, reflexiva, inquisitiva y sensible. La relación no llegó a ninguna parte debido a que Jane valoraba su libertad y no pretendía entrar en ninguna jaula de oro aunque fuera para llegar a ser princesa de Gales. Por aquel entonces ella trabajaba en el mundo de la televisión, como Letizia Ortiz, concretamente en los informativos de la poderosa cadena BBC e incluso llegó a ser nombrada representante de su sección en el Sindicato Nacional de Periodistas, donde la bella joven adquirió notable reputación por su habilidad en las negociaciones. Aun así, continuaron viéndose a lo largo de tres años. Los amigos de ambos afirmaban que la cama les unía perfectamente. Carlos la invitó a Sandringham para pasar el Año Nuevo de 1975.

Pocos meses después, conoció a Laura Jo Watkins, la hija de un almirante, en un club marítimo de California, cuando su barco, el *Júpiter*, atracó allí. En esta ocasión la tentación se le presentó en forma de una impresionante rubia delgada, alta y bronceada por el sol. Esta joven era tan bella como inteligente y Carlos la invitó a volar a Londres para que asistiera al acto de ocupar su escaño como par del reino en la Cámara de los Lores.

La siguiente novia no tenía ni el linaje ni el aspecto tan espectacular de Laura. La conoció en el transcurso de una cena en casa de un amigo y se llamaba Davina Sheffield, hija de un mayor. Se sintió inmediatamente atraído por esta joven rubia y alta, de busto prominente, que tenía la risa fácil y la mirada pícara. En dos ocasiones, Carlos la llegó a presentar a su madre la reina Isabel.

Pasadas estas y otras aventuras del príncipe, al final volvió a encontrarse con Diana e iniciaron pronto una nueva relación con cierta intermitencia por parte de Carlos. A pesar de todo, la relación continuó y poco a poco se llegó a pensar en una posible boda.

Para Diana, cambiar una existencia mundana pero libre por otra extraordinaria pero sin libertad constituía un precio que valía la pena pagar. Había sido educada para casarse con alguien de la aristocracia y ahora estaba a las puertas de un matrimonio real.

Diana hubo de atender muchos asuntos antes de que se anunciara oficialmente el compromiso. Uno especialmente desagradable fue cuando tuvo que pasar, por indicación de la Casa Real, un exhaustivo examen ginecológico para constatar el perfecto estado de su cuerpo. De haberse detectado algún motivo por el cual no estuviera en condiciones de poder quedarse embarazada, el compromiso no se hubiera efectuado, puesto que la descendencia de la Corona es uno de los deberes incuestionables para un heredero.

Desde el momento en que se hizo oficial el anuncio del compromiso, Diana vio cómo cambiaba por completo su vida, sus decisiones, su agenda y sus compromisos privados. Diana ya estaba, sin saberlo, bajo la sombra de la familia real.

Se le asignó su propia escolta personal, dirigida por el detective jefe Paúl Officer, que a partir de aquel momento no se separaría de ella ni de día ni de noche. Tuvo que iniciar una durísima dieta para poder entrar en un vestido de novia dos tallas menos que la de ella. Al instalarse, por obligación, en los departamentos reales, Diana se vio alejada de sus amigas e incluso de su familia. En cierta ocasión, Diana quiso salir de compras y se dirigió al aparcamiento de palacio en la zona donde están los coches reservados para la familia real. Subió a un coche con las llaves puestas y trató de ponerlo en marcha. De pronto, la otra puerta se abrió y un escolta se sentó a su lado.

—¿Adónde va? —preguntó.

—Salga —respondió, tajante, Diana.

—Me temo que sin mí no podrá salir, lo siento.

Desde el momento en que se anunció el compromiso y los medios de comunicación se hicieron con la fecha oficial de los esponsales, la vida de Diana quedó organizada de la siguiente manera:

Se levantaba todas las mañanas muy temprano por obligación, y tenía que aprovechar el día de una forma metódica. Hubo de aprender a caminar, a entrar en una habitación, a bajar de un coche bajo, de un coche alto, a sentarse, a comer, a beber, a posar para los fotógrafos, a leer un periódico, a llevar un bolso... Todo, todo era diferente a como lo había venido haciendo a lo largo de su vida.

Una boda en carroza de cristal

El 29 de julio de 1981 fue probablemente la mañana que recogió los mayores índices de audiencia del mundo. Gracias a la televisión, cientos de millones de telespectadores de multitud de países pudieron apreciar el esplendor y el lujo con que los ingleses saben organizar una gran ceremonia.

Desde primeras horas del día y en cualquier parte del mundo, se podía encontrar gente sentada frente al televisor para no perderse ni la llegada de los invitados a la Catedral de San Pablo, impresionante edificio construido por Wren.

Los festejos de la boda se habían iniciado la jornada anterior y fueron reservados para la noche algunos de los más vistosos y lucidos de todos. De hecho, siguiendo la tradición, el príncipe Carlos tuvo que encender una cadena de 120 hogueras, después de lo cual llegaron los fuegos artificiales, los castillos, las luminarias y todo un despliegue perfecto de efectos especiales programados para la noche. El cielo de

Diana, la princesa del pueblo

Londres quedó convertido en una auténtica filigrana de luz durante más de tres horas. Sólo en Hyde Park se concentraron más de un millón de personas que habían llegado desde los puntos más remotos del país para contemplar tan hermoso espectáculo. Varios de ellos se agrupaban, incluso, bajo banderas de sus respectivas nacionalidades.

A Diana aquella noche no se le permitió salir de su habitación y tuvo que cenar antes de lo habitual según las *razones de peso* que le dieron: «Que su rostro esté tranquilo, sereno y despejado para mañana.»

El traje de novia de Diana estaba diseñado por David y Elizabeth Emanuel, y evocaba un vestido que había llevado una antepasada Spencer. Realizado con auténtica seda inglesa procedente de la ya única granja de seda que quedaba en el país, había sido cosido a mano por una costurera griega: Nina Missetz. El cuello iba recubierto de volantes de encaje; las mangas eran anchas y estaban decoradas también con bordados; diminutas perlas que producían destellos cubrían por completo la falda del vestido cuya cola era la más larga de la historia nupcial porque tenía ocho metros de longitud. El color, finalmente, de tono marfil claro confería un aire entre romántico e irreal a todo el conjunto.

Diana llegó a la iglesia en una carroza de cristal reservada en las cocheras de palacio para casos tan solemnes como éste. Había sido fabricada hacía más de doscientos años y sólo había sido utilizada en seis ocasiones.

Desde la puerta de la iglesia hasta el altar, sobre una mullida alfombra roja, Diana tardó más de tres minutos y medio en hacer el recorrido del brazo de su padre. Desde luego el aspecto del templo hizo de él un marco incomparable para una ceremonia única en la vida. El conjunto de la iluminación y las flores resultó todo un alarde de buen gusto y la música, interpretada por una orquesta completa se hizo acompañar de dos coros: el oficial del Gran Teatro de Londres y uno infantil, mundialmente famoso. La soprano Kiri Te Kanawa, nativa de Nueva Zelanda, interpretó obras de Purcell, Haendel y Jeremiah Clarke. Tras la ceremonia religiosa, los nuevos príncipes de Gales regresaron al Palacio de Buckingham entre el clamor de la muchedumbre que arrancaba desde los balcones, miradores, aceras y terrazas de todo el recorrido nupcial.

La elección de los asistentes al banquete había sido muy estricta y rigurosa, puesto que sólo tenían acceso al mismo 118 invitados designados entre las más altas personalidades de todo el mundo. El resto de los presentes lo hizo en salones aparte.

El menú nupcial consistió en albóndigas de rodaballo con salsa de langosta, suprema de *volaille*, fresas y crema cómica. Todo ello regado con vinos alemanes y champán francés.

Después de aquella boda espectacular, Diana quedó convertida desde aquel día en la princesa de más alto rango de todo el país, poseedora del segundo título real más

Diana, la princesa del pueblo

eminente del mundo entero. Ella era la primera mujer inglesa que se había convertido en princesa de Gales sin que procediera de estirpe real, desde que Lady Anne Hyde, hija del conde de Clarendon, se casara con el duque de York, que llegó a ser el rey Jacobo II. Pero aquello había ocurrido en 1660.

El nuevo estatus de la princesa fue debidamente reconocido en cuanto regresó a palacio y todos los miembros de la Casa Real se inclinaron ante ella y la llamaron alteza.

Se le escapó la vida a borbotones

En los últimos días de un agosto de 1997, una feroz trampa hizo que el coche en que viajaba la princesa Diana se estrellara contra una columna en un túnel subterráneo de París.

A Lady Di se le rompió el corazón allí mismo, curiosamente en un subterráneo llamado Alma, en la ciudad de la luz y del amor. Cuando llegó la atención médica, apenas podía percibirse ya el pulso y las bolsas de trasfusiones, una tras otra, se sucedían casi a la misma velocidad con la que la transportaba la ambulancia. Cuando Diana quedó yaciente bajo el potente foco del quirófano que tanto sabe del límite entre la vida y la muerte, y el bisturí en la diestra mano del doctor marcó un largo y certero corte en el pecho de la serena princesa, se descubrió la verdad: su arteria pulmonar izquierda estaba desgarrada y la sangre, incontrolable, salía a borbotones. Las trasfusiones no valían para nada, tanta sangre como le entraba, tanta se le marchaba, como la vida, a impulsos del maltrecho corazón. Los doctores del quirófano, conocedores ya de que la lucha contra la muerte era imposible, no quieren darse por vencidos y continúan buscando el milagro. Dos horas más tarde, ante la rotunda confirmación de la muerte, el corazón definitivamente se detiene para siempre, para no volver a latir jamás.

Lady Di ha muerto.

Diana, la princesa del pueblo

CAPÍTULO XVII

LA CATEDRAL DE MADRID

La iglesia de la *boda del siglo*, una gran desconocida

Mucho antes de que el ciudadano de a pie pudiera haberse dado cuenta, hace algo más de tres años, ya se empezaron a poner en marcha lo que podemos considerar como primeros preparativos para que la boda del príncipe tuviera lugar en la ciudad de Madrid. El primer paso que resultaba imprescindible era el de iniciar las obras de remodelación y acabado de la Catedral de Nuestra Señora de la Almudena, una iglesia que ha tardado siglos en llegar a terminarse y que, quizá debido a ello, no es demasiado bien conocida por el pueblo de Madrid. De hecho, entre el elenco de las catedrales de España, es la que, en mi opinión, podría recibir el nombre de *la gran desconocida*. Y esto ocurre tanto a nivel turístico, puesto que muy pocos recorridos que se hacen al respecto por el centro de Madrid incluyen a la catedral entre sus *paradas de interés*, como a nivel histórico.

Una prueba de ello es que, desde el anuncio del compromiso real y debido al interés general que lógicamente despierta, los medios de comunicación han intentado relatar la historia referida a la construcción del edificio y a la advocación de la Virgen a la que está dedicada. Pero puedo asegurar que en casi todos esos intentos, he leído y escuchado los mayores disparates tanto sobre una cosa como sobre la otra; un buen ejemplo es la publicación que aseguraba que fue el rey Alfonso XIII el que tuvo el privilegio de haber puesto la primera piedra.

Por eso quisiera que este capítulo sirviera para conocer la verdadera historia del templo que el día 22 de mayo acaparará las miradas de todo el mundo, ya que la ceremonia será retransmitida por eurovisión en directo.

Historia y leyenda

Hoy no se tiene noticia cierta del nombre que recibió al nacer el pueblo de Madrid, pero todo parece indicar que se trataba de uno de estos tres: Mantua, Miacum, o Ursaria.

La historia que da comienzo a la Catedral de la Almudena tiene lugar durante la dominación romana, durante los primeros momentos de expansión del cristianismo.

Corría el año 30 de la era cristiana. La pequeña localidad que por aquel entonces era Madrid llama la atención del apóstol Santiago, patrón de España, que acaba de regresar de un larguísimo viaje que había hecho a Jerusalén. Al final de esta peregrinación viene cargando en sus alforjas con una talla de madera que representa a la Virgen. Es ya en el año 38 cuando, al llegar Santiago a Madrid, decide donar la imagen a la pequeña población que había visitado con el objeto de que fuera venerada por sus habitantes. Ellos son quienes la sitúan en una pequeñísima parroquia cuyo enclave es ya el inicio de la catedral de Madrid. Por aquel entonces es también cuando se empieza a venerar dicha imagen con el nombre de Virgen Mujer, Al=Alma (virgen en hebreo) y mu=Mulier (Mujer).

Varios siglos después, en los años de la dominación musulmana, Madrid era una pequeña unión de casas en medio de un bosque enorme donde abundaba un tipo de árbol llamado madroño y donde los osos campaban por sus respetos. De estos primeros tiempos proceden los símbolos pertenecientes al escudo de la ciudad que cuenta con la imagen de un oso de gran tamaño frente a un pequeño madroño.

Durante los años 852 a 886 tuvo lugar la construcción de la primera edificación importante que se hizo en los terrenos de Madrid. Se trataba de un castillo edificado por el hijo de Abderramán II, llamado Muhamm, con la finalidad de que sirviera de protección a la ciudad de Toledo, que ya por aquel entonces era una población de riqueza y cultura florecientes. La documentación más antigua que he podido consultar sobre aquellos tiempos remotos, describen un castillo rodeado de una serie de casas, al parecer para uso de los servidores, hasta constituir un total de doce pequeños edificios de piedra de una sola planta. Como curiosidad, según he constatado, parece ser que el primer negocio de aquel Madrid incipiente, fue un horno de pan que un astuto comerciante abrió en las inmediaciones del castillo, con el objeto de que sirviera de avituallamiento a los soldados y demás habitantes del mismo.

El empeño del ejército árabe de proteger la ciudad de Toledo del ímpetu de la reconquista cristiana, hizo que aumentara la presencia de casas alrededor del castillo, en árabe *Mayrit*, hasta el punto de levantarse más de cien viviendas habitadas por aristócratas árabes, artesanos, comerciantes y agricultores. El pequeño pueblo de Madrid estaba empezando a adquirir protagonismo.

Sin embargo, el ímpetu cristiano arrolla las fuerzas musulmanas y el castillo y la población que se ha levantado amparada por su sombra. Tiempo después, el ejército islámico decide iniciar un feroz ataque para recuperar el enclave perdido, puesto que era un punto estratégico en la defensa de la ciudad de Toledo.

Los madrileños, conscientes de la batalla que se está fraguando, se reúnen en torno a la pequeña parroquia en la que apenas caben e imploran a su patrona, venerada en

La boda del siglo

la imagen donada por Santiago, que se realice el milagro de salvar sus vidas y la de su pueblo.

Gracias a la documentación escrita que aún hoy se conserva salvaguardada por la Iglesia, podemos conocer cuáles fueron las palabras que aquel primer párroco de Madrid profirió en tales circunstancias a sus feligreses:

«Hijos míos, los enemigos de nuestra fe han invadido todas las ciudades, villas y aldeas de España. ¡Es inútil la resistencia! Dios así lo quiere. Es preciso que acatemos su santa voluntad pidiendo de rodillas el perdón por nuestras culpas. El que se encuentre con fuerzas para pelear, que pelee hasta morir en defensa de nuestra sacrosanta religión. Y aquél que sobreviva al duro combate, que corra hacia las montañas donde se reúnen las huestes de los soldados de la Cruz, al mando de don Pelayo, para hostigar cuanto puedan a los invasores y trabajar por la libertad de la patria.

»Muza está en Toledo; conquistada esta ciudad, pronto el infiel caudillo se hallará delante de nuestros muros. Es preciso que pensemos en salvar los objetos que nos son más queridos. La Virgen Mujer que trajo Santiago y a quien tanto veneramos, que siempre ha sido nuestra abogada y protectora, que siempre ha oído clemente nuestras preces, no ha de caer en manos de nuestros enemigos, no hemos de permitir que su preciosa imagen sea profanada por los infieles.

»Ocultémosla, mientras peleamos contra ellos, dentro de la muralla contigua a este santo templo. Si vencemos, todos sabremos dónde está para agradecerle la victoria. Y si por desgracia somos vencidos, líbrese oculta en la muralla, del furor mahometano.»

Cuenta la historia que la talla de madera se sacó del camarín en el que se guardaba desde que había llegado de Jerusalén en las manos del Apóstol y que fue conducida en procesión hasta la muralla donde se le había construido un nicho en el que la colocaron junto a dos luminarias o velas para que estuviera alumbrada. Acto seguido, se tapió de nuevo el nicho y se dejó el muro con la misma apariencia que tenía.

Más de tres siglos y medio transcurrieron en los que Madrid se mantuvo bajo el dominio de los árabes de quienes recibió el nombre de *Magerit*. Durante todo aquel tiempo la Virgen Mujer continuaba escondida en el nicho de la muralla.

El gran milagro de la Virgen Mujer

Tres siglos más tarde de que la talla del Apóstol fuera escondida, ya en el siglo XI, llegó el deseado día de la liberación de *Magerit*. En el año 1085, don Alfonso VI de Castilla, llamado *El Bravo*, reconquistó Toledo. Unas pocas semanas más tarde el estandarte de la Cruz ondeaba sobre la ciudad de Madrid.

Don Alfonso dispuso enseguida la purificación del antiguo templo dedicado a la Virgen Mujer, hoy catedral de

Madrid, que durante trescientos años había sido profanado por los *infieles* al ser convertido en mezquita. Habiéndose enterado por antiguos documentos de la forma con que los cristianos habían ocultado la imagen de la Virgen para protegerla, mandó realizar cuantos trabajos fueron necesarios para averiguar el sitio donde se encontraba, puesto que, por aquel entonces ningún habitante podía dar noticia del lugar en el que había sido escondida.

A partir de entonces, un equipo formado por seis hombres, dos de ellos arquitectos, empezó a trabajar durante meses para descubrir dónde se habían movido piedras a lo largo de la muralla. Pero todos los intentos no ofrecieron ningún resultado. Ordenó entonces el rey Alfonso que se hicieran rogativas por espacio de nueve días para que el cielo les concediese el tesoro que se encontraba oculto y para que la propia Virgen Mujer les iluminase y encaminase sus pasos hacia el lugar en el que estaba su sagrada imagen. El día 9 de noviembre de 1085, último del novenario, amaneció limpio y soleado a pesar de que llevaba lloviendo sin parar desde hacía más de quince días. Se había organizado una solemne procesión, después de la misa celebrada en el pequeño templo que recorrió todos los lugares próximos, donde se creía que pudieran haberla escondido.

Cuentan las crónicas de la época, que en esta procesión iban, además del rey don Alfonso VI de Castilla, el rey Sancho de Aragón y de Navarra, el infante don Fernando y el famoso y legendario Cid Campeador, don Rodrigo

Díaz de Vivar. Detrás, el pueblo de Madrid al completo, puesto que los enfermos y los impedidos fueron trasladados en camillas de caña. Al llegar la comitiva al sitio hoy denominado Cuesta de la Vega, cuando iba a pasar por delante de un resto de la vieja muralla que por dicha parte de la Villa se levantaba, permitió Dios que se produjera un auténtico milagro: ante el asombro de más de un millar de personas, se derrumbó por sí mismo la parte del murete donde estaba la hornacina en la que siglos atrás las gentes piadosas habían ocultado la sagrada imagen de la Virgen Mujer. Y entonces apareció a la vista de todos los fieles en la misma forma en que fue colocada trescientos años antes, con las dos velas o luminarias completamente encendidas.

Ante milagro tan evidente, todos cayeron de rodillas y así dicen que permaneció la mayoría el resto del día e incluso parte de la noche.

Al amanecer siguiente, la milagrosa imagen fue trasladada a su primitivo lugar y colocada en su camarín, desde el que sería de nuevo contemplada, aunque ahora bajo el nuevo nombre de Virgen de la Almudena, puesto para conmemorar que había permanecido oculta más de tres siglos en el lugar llamado por los árabes *Almudin* o depósito de trigo.

Siglos después, el templo donde se veneraba la milagrosa Virgen de la Almudena en Madrid, continuaba igual, sin que se realizara en él obra alguna que le engrandeciera ni le mejorase. Hasta que en 1561, Felipe II decide fijar la

Corte en Madrid. Es entonces cuando ordena que se levante sobre el pequeño templo, una catedral que fuera la sede del Obispado de la futura capital. No obstante, Felipe II estaba en aquel momento más interesado en las obras de El Escorial e incluso, en el proyecto de Juan de Herrera para la colegiata —luego catedral— de Valladolid, ciudad de nacimiento del rey.

A la muerte de éste, aún no habían concluido las obras de la catedral de Valladolid, mientras que las de Madrid, ni siquiera habían comenzado. Tan sólo existían en esos momentos unos primeros planos para ella. Fue quizá la fuerte oposición de la Iglesia de Toledo que no quería competencia con su notabilísima archidiócesis, la que dificulta el desarrollo de las obras de la catedral. A ello se debe, pues, que concluyera el siglo XVI sin que en Madrid se hubiera construido ninguna catedral.

Durante el siglo XVII se redoblaron los esfuerzos para conseguir la separación de Madrid y Toledo a nivel eclesiástico, hasta que Felipe III obtiene una autorización de Roma a través de una importante bula del papa Clemente VII, para proceder a la construcción de una catedral para Madrid. El rey y la reina Margarita, su mujer, donaron a tal efecto la suma de 650.000 ducados. Ya en 1624 es cuando definitivamente se fijan las condiciones de la traza y planta del templo catedral. Entonces se señalan los nombres de Juan Gómez de Mora, como arquitecto y de Pedro Lizargárate, como aparejador.

La catedral de Madrid

Mucho tiempo después, la gran devoción que profesaron a la Virgen de la Almudena reinas españolas como Isabel de Borbón o María de las Mercedes, hizo que se reforzaran los esfuerzos por continuar obra tan cara y costosa. Así, en el caso de esta última, ocurrió que murió en 1878 sin dejar descendencia, a los seis meses de su matrimonio con el rey Alfonso XII. Esta triste circunstancia además, hacía imposible que fuera enterrada en el Panteón de los Reyes de El Monasterio del Escorial, por lo que se decidió que la futura catedral tan próxima a palacio, guardara los restos de la fallecida.

El proyecto definitivo fue sancionado por Real Orden de 1880. Conforme a él se retomaron las obras en 1883 sin que se registraran por fin más cambios en el proceso de construcción.

La Virgen de la Almudena, una Virgen viajera

En el año 1870, la imagen de la Virgen fue trasladada a la madrileña iglesia del Sacramento, de donde más tarde se sacaría para ser llevada de nuevo a la cripta de la catedral. Un tiempo después, pasa al Altar Mayor de la referida iglesia del Sacramento.

El día 2 de febrero de 1954 inicia un nuevo viaje para retornar a un altar lateral de la catedral donde ha permanecido hasta el año 1993, en el que, en solemne procesión, y tras haber sido completamente restaurada, se sitúa la talla en un magnífico altar gótico, en el lado derecho del Altar Mayor, durante la ceremonia de consagración de la nueva catedral de Madrid oficiada por el papa Juan Pablo II. Al fin la catedral española que más tiempo se había tardado en construir era también la única que recibía el privilegio de haber sido consagrada por un Papa.

El día 9 de noviembre de 1941, el obispo de Madrid-Alcalá inauguró una imagen de la Virgen de la Almudena del tamaño de la original pero esculpida en piedra. Esta Virgen fue colocada en el mismo sitio de la Cuesta de la Vega donde se encontró la primitiva donada por el apóstol Santiago según el relato del milagro acaecido en 1085. A ambos lados de la hornacina, dos monumentales faroles de hierro y cristales alumbran la imagen de noche y de día, en recuerdo de aquellas velas que estuvieron milagrosamente encendidas durante más de trescientos años.

Las campanas de la catedral de Madrid son obra del taller de campaneiros de Badoucos-Caldas de Reis, en Galicia. El carrillón de dichas campanas se instaló el día 22 de abril de 2003 y comenzó a funcionar el primero de mayo del mismo año. Se trata de un instrumento musical formado por varias piezas en el que el tamaño diferente de cada una de las campanas produce una nota musical que es el origen de las distintas melodías que es capaz de producir.

La iglesia catedral custodia los restos mortales de personalidades pertenecientes a la Familia Real, como es el caso de la citada reina María de las Mercedes, cuyo sepulcro se conserva intacto en su interior. Una de las capillas laterales del templo está dedicada al santo español José María Escrivá de Balaguer, recientemente canonizado. En la cripta de la catedral también se conserva una imagen conmemorativa de la Virgen de la Flor de Lis, símbolo de la Casa de los Borbones.

A pesar de los últimos esfuerzos, la catedral de Madrid aún hoy continúa sin terminar aunque todo parece asegurar que los últimos retoques estén listos para antes de la *boda del siglo*. Uno de los más claros problemas que ha sufrido su construcción en los últimos cien años ha sido la falta de fondos que lo puedan financiar. En marzo de 1985, se había recaudado sesenta millones de pesetas, unos 360.607 euros. La reina Sofía y el entonces presidente del Gobierno Felipe González, aportaron otra cantidad importante. En ese momento se creó la Fundación de la Almudena, compuesta por el Arzobispado, el Ayuntamiento, la Comunidad Autónoma de Madrid, Caja de Ahorros de Madrid, Cámara de Comercio y Asociación de la Prensa, con el fin de obtener los fondos necesarios para terminar esta obra de tantos siglos de construcción.

La Catedral de la Almudena está pensada para asemejarse a los grandes templos catedralicios españoles de la Edad Media. En cuanto a sus medidas, tiene en planta una longitud de 104 metros por 76 que suma el crucero, siendo por tanto algo más pequeña que la de Toledo, circunstancia esta derivada de las especiales condiciones de los proyectos iniciales donde era evidente la rivalidad eclesiástica que existía entre la archidiócesis de Toledo y la posteriormente creada de Madrid. No obstante, la catedral madrileña es mayor, por ejemplo, que la de Burgos que mide 84 metros de largo por 59 metros de ancho.

La nave mayor de la Almudena alcanza los 32 metros de altura, lo que triplica prácticamente los 12 metros de su anchura medidos de eje a eje de los pilares. Con todo, lo más espectacular resulta ser el cimborio sobre el crucero, cuya flecha cuenta con una cruz de remate que redondea los cien metros de altura. Téngase en cuenta que la cota más alta de entre las catedrales españolas se encuentra en la de Burgos, donde las célebres agujas de la fachada de la catedral alcanzan los 79 metros de altura.

Sería injusto cerrar el capítulo sobre la catedral que va a ser escenario de la *boda del siglo* sin mencionar la última labor realizada por el arquitecto marqués de Cubas, aunque sólo sea obra suya la cripta de estilo neorrománico, terminada en 1911.

En 1944 se convocó un concurso nacional de arquitectura con el fin de continuar las obras de La Almudena. Ganó el premio el proyecto de Fernando Chueca y Carlos Sidro en el que el edificio cambiaba por completo su aspecto exterior.

Ahora La Almudena es un templo neoclásico que se integra perfectamente con el Palacio Real situado a conti-

La catedral de Madrid

nuación. Con ello se pretende mantener la visión del conjunto arquitectónico, al tiempo que se da la falsa idea de que ambos monumentos pudieran ser coetáneos.

La gran ceremonia religiosa de *la boda del siglo* es la primera boda que se celebra en la catedral de Madrid. Han tenido que pasar muchos siglos hasta que este enorme templo se pudiera vestir de las más altas galas para celebrar un acontecimiento de tamaña magnitud.

La boda será oficiada por el cardenal Rouco Varela, como corresponde al heredero de la Corona y el momento anunciado son las 12.00 del día 22 de mayo de 2004.

Respecto a las discrepancias que desde el anuncio del enlace se han venido haciendo ante el hecho de que Letizia Ortiz fuera antes una mujer casada civilmente, el asesor jurídico-canónico del arzobispado de Madrid, Roberto Serres, se ha manifestado en estos términos: «Entre bautizados no puede haber contrato matrimonial válido que no sea sacramento, por lo tanto, para la Iglesia, cualquier matrimonio civil entre católicos es un matrimonio celebrado sin forma canónica y, como consecuencia, inexistente en su doble dimensión inseparable de contrato matrimonial y sacramento.»

Estas declaraciones dejan claro que si Letizia Ortiz fue bautizada y sólo se casó por lo civil, nada desde el punto de vista eclesiástico le impide contraer matrimonio.

Poco después de la petición de mano, concretamente el día 19 de noviembre de 2003, el Rey acompañado por

La boda del siglo

el príncipe Felipe visitaron la iglesia catedral. El motivo de esta visita, según datos oficiales era el de que la Corona se uniera ese día a la misa de celebración del vigésimo quinto aniversario del pontificado de Juan Pablo II. En el presbiterio esperaban esa mañana todos los obispos españoles: los cardenales en primera fila y con mitra blanca; después, los arzobispos y los obispos con mitra dorada, todos con los mismos ornamentos utilizados durante la misa que se había celebrado en la plaza de Colón de Madrid con motivo de la visita papal recibida en el mes de mayo anterior.

Mientras el príncipe recorría las escalinatas y cruzaba la nave central del templo, todos los presentes se preguntaban qué pensaría Felipe de Borbón al examinar el lugar donde seis meses más tarde tendrá lugar el grandioso acontecimiento.

CAPÍTULO XVIII

UN CUENTO DE HADAS DEL SIGLO XXI

Comienzan los grandes preparativos

Pocas personas en España son capaces de tener una visión auténtica de lo que supone una boda real, sobre todo si tenemos en cuenta que las precedentes, como las de Alfonso XIII y Alfonso XII permanecen inmersas en el pasado y no guardan la menor similitud con la actual del siglo XXI.

Puesto que la boda del príncipe va a ser indiscutiblemente el acto más solemne que va a vivir España, reúno aquí las diferentes opiniones de tres expertos que pueden ofrecer su aportación por comparación con otras bodas reales más cercanas en el tiempo. Estas tres voces son: la de un empresario inglés que vivió en todo su apogeo la boda del príncipe Carlos y Diana, un profesor de Ética de la Universidad del Estado de California y por último, un especialista en investigación monárquica.

Henry Cartiand, empresario londinense, manifestó su opinión sobre lo que supone para un país una boda real, y lo hizo utilizando como tribuna un diario americano de gran tirada a las pocas semanas de haberse producido el enlace de Carlos y Diana: «Al pueblo inglés le ha costado muchísimo dinero la ceremonia, mucho más de lo que individualmente supone cada uno. Además de todos los ingresos por impuestos, hay que sumar el coste que suponen las paralizaciones laborales que este acontecimiento ha implicado para el país. A pesar de todo esto, hay que constatar el verdadero placer que produce en las personas vivir *in situ* un acto de tamaña envergadura en el que, sin embargo, nunca podrán participar. Ni siquiera llegará a verlo igual que si se tratara de una película de Sissí por televisión. Aun así, la gente disfruta sólo por el mero hecho de que esto se produzca.

»En una revista de mi país publicada a la semana de haber tenido lugar el acto, se hacía una curiosa encuesta entre personas de diferentes escalas sociales y el resultado era rotundo: todas ellas habían viajado hasta Londres con el consiguiente coste e incomodidad, habían pasado entre seis y catorce horas en la calle apostados en un punto por el que había de pasar el cortejo, y a pesar de todo, ninguno de los encuestados había logrado obtener la primera o segunda fila, con lo que, llegada la comitiva nupcial encima no habían podido presenciar apenas nada.»

La boda del siglo

Juan Antonio Herrero Brasas, profesor de Ética, decía en el diario nacional de *El Mundo*: «una boda real es lo máximo en cuanto a elemento estético, mágico y generador de atracción turística, tan sólo superado por una ceremonia de coronación. Y esta boda producirá inevitablemente gran efecto hipnótico, casi alucinatorio, sobre las masas. Esa hipnosis nos hará olvidar, o casi olvidar, durante unos meses los problemas que nos acucian, los nuestros y los de los demás. La prensa y demás medios de comunicación se ocuparán —ya se están ocupando— de que así sea».

Alberto García, experto en investigación monárquica y hombre que jamás ha querido participar en debates radiofónicos o televisivos sobre estos temas, opina: «A lo largo de toda la historia monárquica internacional, la boda de un príncipe heredero ha servido fundamentalmente para proporcionar un acercamiento con el pueblo.

»Los príncipes herederos son, políticamente hablando, muy poco útiles y por lo tanto muy poco reconocidos. Difícilmente se pueden beneficiar de las labores bien realizadas por su antecesor, el padre y rey, y sí en cambio heredan todos los trazos negativos o pendientes de resolver a lo largo de su reinado; por lo tanto, una ocasión de acercamiento al pueblo es muy beneficiosa para ellos. Lo que ocurre es que el protagonismo alcanzado con la boda es completo si, con una estricta mentalidad de *marketing* el rey en funciones cede de inmediato la corona y se retira. De lo contrario, en la brillante operación de lavado de cara monárquica descienden notablemente los resultados.

»Las monarquías están cada vez más débiles porque el pueblo va creciendo en inteligencia y analiza tanto sus costes como su utilidad. Por eso no sólo no ha retornado ninguna de las caídas, sino que van desapareciendo en todo el mapa europeo las que aún existen. Respecto a esta boda concreta creo que le viene de maravilla a la Casa Real española y al pueblo le proporciona unas auténticas *vacaciones mentales* en un momento de presiones internacionales, de guerra, de miserias y de carencias propias y ajenas. Bien por la boda.»

Millones de telespectadores verán el enlace

Las cifras son casi exactas: se calcula que mil millones de personas en todo el planeta verán por eurovisión la *boda del siglo*. Para iniciar los preparativos del escenario principal del acontecimiento que es la capital de España, el miércoles 5 de noviembre de 2003 el Rey se reunió en audiencia de urgencia con el alcalde de Madrid, Alberto Ruiz-Gallardón para indicarle las pretensiones de la Corona de cara a este acontecimiento. La primera de las peticiones fue la de solicitar al Consistorio la instalación de una enorme pantalla de televisión en la plaza de Oriente a pocos metros de la catedral y del propio Palacio Real. Esta medida está pensada con la finalidad de que todos los madrileños puedan tener acceso en todo momento al desarrollo de los acontecimientos. En segundo lugar, el Monarca expresó su preocupación por el plan de obras que el nuevo Ayuntamiento tenía programado tras su campaña electoral, puesto que pretendía levantar por completo el suelo de la Puerta del Sol, eje central de la vida urbana de Madrid, durante unas obras que tardarían casi un año en finalizarse.

Don Juan Carlos expresó también al alcalde la necesidad de organizar un itinerario por la ciudad para los recién casados, en carroza o automóvil, algo que aún está por decidir. La misión de este paseo es ofrecer la posibilidad de que todos los ciudadanos y visitantes que salgan a las calles puedan llegar a ver de cerca a los protagonistas del acontecimiento.

Como consecuencia de esta audiencia se ha creado una comisión especial dedicada exclusivamente a la puesta en marcha de la celebración. Está formada por miembros de la propia Casa del Rey, del Ayuntamiento de Madrid, de la Comunidad Autónoma y por expertos en el protocolo real.

En este primer encuentro, tras la petición de mano oficial, el alcalde se mostró en todo momento dispuesto a colaborar. La audiencia comenzó a las 13.00 horas en el salón Magnolia del Palacio de la Zarzuela, al que fueron

225

entrando por orden, primero el alcalde seguido de todos los concejales, puesto que su presencia es obligada en un acontecimiento de esta categoría. El alcalde no dejó de expresar la preocupación que supone para la Corporación la intención de dejar a Madrid en un excelente lugar ante la opinión del mundo entero, sobre todo teniendo en cuenta que la capital no celebra una boda real desde hace 97 años.

Dentro de lo acostumbrado en todas las bodas regias de los últimos diez años en Europa, es necesario en primer lugar comenzar las labores de remodelación y pintura de todas las fachadas que comprenda el recorrido nupcial, por lo que afecta tanto a edificios públicos u oficiales como a casas normales de vecinos.

Por bando, según es costumbre, los ayuntamientos solicitan al vecindario la instalación de banderas en todos los balcones y terrazas. En nuestro caso, concretamente, a la semana de conocerse la noticia, ya sabíamos de dos fábricas de banderas, una en Tarrasa (Cataluña) y otra en La Coruña, que han creado turnos continuos de día y noche para poder atender el impresionante volumen de pedidos que se esperan.

En lo que respecta a las instalaciones de luces ornamentales que la ciudad necesitará para ser encendidas la noche antes, es una fábrica de Córdoba la que las va a realizar, la misma que suele vestir las Navidades y otros actos como las diferentes ferias de Andalucía.

Una ciudad convertida en jardín

Uno de los apartados más importantes de la decoración urbana es el de las flores. Una boda real tiene por tradición un engalanamiento muy especial de flores. Barcelona, por ejemplo, cuando se celebró la boda de la infanta Cristina con Iñaki Urdangarín, hizo que el Ayuntamiento de la Ciudad Condal repartiera trescientas mil flores a lo largo del recorrido. Esta tradición es tan antigua que basta recordar el terrible atentado de la boda de Alfonso XIII, cuando al tirar desde los balcones ramos a la comitiva, se arrojó uno con la bomba dentro.

En la confusión de los primeros días algunos medios de comunicación extendieron la noticia de que las flores de la boda del príncipe, según deseo de la novia, iban a ser de un amigo mexicano que trabaja en el sector, ya que hace mucho tiempo, durante su larga estancia en Country, muy cerca de la Universidad de Guadalajara donde Letizia realizó un máster, parece ser que le prometió que si un día volvía a casarse, sería a él a quien le encargaría las flores de su boda. La noticia cayó, como era lógico, como una bomba entre el sector de las flores en España, que está perfectamente agrupado en torno a dos organizaciones de defensa común. Los primeros comentarios se publicaron a las veinticuatro horas y mostraban el total rechazo al hecho de que las flores no fueran españolas al cien por cien.

Un cuento de hadas del siglo XXI

Algunos lugares, incluso, como Canarias, se ofrecieron de inmediato a regalar las flores que precisara la Casa Real para este evento de sus campos de cultivos florales del valle de la Orotaba.

Conclusión, que la Zarzuela desmintió de inmediato la noticia de que la compra de flores se fuera a realizar a través del negocio de un amigo de Letizia Ortiz.

Si bien la Casa Real, el Ayuntamiento y el Protocolo disponen de seis meses escasos para poner en marcha todo lo necesario para el día 22 de mayo, no es mayor el tiempo del que disponen los medios de comunicación de todo el mundo para organizar la mejor manera de contar en directo un acontecimiento de tales proporciones. En las dos semanas siguientes a la publicación de la noticia, ya era posible ver cómo las principales oficinas de asuntos inmobiliarios de la capital, recibían fax y llamadas desde el extranjero solicitando información de terrazas y balcones a lo largo del recorrido.

Vicente Panizo, un despierto agente inmobiliario que ya montó el «tinglado» en Barcelona con la boda de la infanta Cristina y en Sevilla con la boda de la infanta Elena, ya ofrece por medio de Internet treinta de los mejores puntos estratégicos para presenciar la comitiva y dice: «Estamos barajando precios de mercado para este tipo de acontecimientos, el alquiler de una balconada de primera planta en uno de los pasos de la comitiva estará en torno a los tres millones de pesetas por dos días, que es lo necesario para el acoplamiento de cámaras y sistemas de conexión.»

Vicente Panizo asegura que es un módico precio para que cualquier cadena de televisión pueda realizar la retrasmisión a su país, y que si tuvieran que solicitar permisos municipales y de policía para levantar una pequeña e incómoda plataforma de calle el precio se les dispararía, y eso en el caso de que se les concediera.

El experto agente inmobiliario también anuncia por Internet otras alternativas como las terrazas de gran altura para tomar vistas generales y los balcones situados justo frente a la catedral, aunque ésos ya son precios mayores: cerca de cinco millones por las 48 horas del alquiler.

El sector de la hostelería es otro de los grandes problemas de la ciudad. A pesar de que Madrid cuenta con varios centenares de hoteles, residencias y hospedajes, lo cierto es que realmente válidos para poder albergar a personalidades de primera categoría sólo se dispone de veinte. Entre estos hoteles se pueden citar los emblemáticos, Ritz, Palas, Castellana Intercontinental, Husa Princesa, Villamagna, Wellington y Miguel Ángel. La suma de camas que representan es del orden de las 8.000 si se hacen las reservas por plantas completas que es lo que la Zarzuela ha venido haciendo con las bodas anteriores.

Al ser Madrid un punto de encuentro neurálgico gracias a su aeropuerto, no presentará ningún problema añadido, detalle que en la boda de la infanta Elena en Sevilla si

Un cuento de hadas del siglo XXI

hubo de tenerse en cuenta por la falta de hoteles adecuados o por horarios de enlaces de comunicación, lo que supuso en muchos casos tener que realizar alojamientos en ambas ciudades para un gran número de invitados.

De cualquier forma, ya no es posible encontrar una habitación en los veinte primeros hoteles para la semana completa de la boda. Hay que tener en cuenta que cada presidente de gobierno y cada miembro de las diferentes casas reales viaja siempre acompañado de un numeroso grupo de personas como segundos invitados o como personal de protocolo y de seguridad. En el caso de confirmarse la asistencia de la reina Isabel de Inglaterra, por ejemplo, lo cual parecer ser sumamente probable, puesto que de alguna forma representa el baluarte de la actual realeza en el mundo, sería alojada en el Palacio del Pardo, lugar donde se hizo pública la petición de mano y edificio históricamente monárquico desde su levantamiento. La reina de Inglaterra contará con un séquito, incluido también el personal de seguridad, no menor de veinticinco personas, entre los que también se encuentran los encargados de peluquería, ropa y maquillaje.

A todo esto hay que añadir el dispositivo de seguridad necesario ante una congregación tan protocolaria como la que va a tener lugar. Si se pretende ofrecer un recorrido del cortejo nupcial, esto supone tres frentes diferentes de seguridad: por un lado, el más evidente, los policías repartidos a lo largo de todas las calles por las que pase, que normalmente se sitúan a ambos lados de las aceras separados

La boda del siglo

unos de otros por una distancia media de cinco metros. Por otro lado estarían los cientos de policías de paisano que actúan en el interior de la multitud también repartidos a lo largo del recorrido. En tercer lugar, dentro del denominado *cinturón de máxima seguridad* estaría todo el personal apostado en cientos de terrazas con dispositivos especiales de transmisión y armas de precisión y mira de alcance. Es cierto que en este momento existe una situación internacional mucho más delicada que en las bodas de las infantas, además de que en este caso se trata de la boda de un heredero a la Corona real, con lo que habrá que extremar las medidas necesarias al respecto.

No obstante, a pesar de todas esas posibles sombras que pretenden empañar el futuro, la *boda del siglo* será para la historia una verdadera boda de cuento. Tal y como empezamos este libro, un príncipe conoció una noche a una guapa presentadora de televisión en una cena, y en el más absoluto de los silencios comenzaron a salir y a enamorarse... Lo demás ya se lo hemos contado. Colorín colorado...

Un cuento de hadas del siglo XXI

dist totin

lco   fernandbbizgo . d
                el bxco del as
uw   sucos, opinios, costenala,
      persons tifico (noto)
              le echs d chrec

aw. aceles, d   hundet.
      uww testolemanio d

rpene Canohelit . d .

uww cenohabit . d .
rpene C cenohabit · d

el g'bfiebousphis
Lo mojor de mi tiene ·   d uw dibcaurd . d
        uwv creerchlene . d

                                    (connd d Rol)
wwv Araraba
    ponadordibetz . d con   te /cole peri gi
              vivi amcebadod)   vere /tonte ·
                (con ament)   vere .

Cop d uno .
Costillon de cerbo · tomatica.   poroto pranonas d
enpanoda · mass .   anagondan . den
    ropod : 1 k horn
        8i motaca
        1 hueno vol , logen beah
                        At uo d (noto)
Lo mojor de mi ham   fam de onon